中国南方电网
CHINA SOUTHERN POWER GRID

南方电网能源发展研究院

南方五省区储能发展报告

（2022年）

南方电网能源发展研究院有限责任公司　编著

中国电力出版社
CHINA ELECTRIC POWER PRESS

图书在版编目（CIP）数据

南方五省区储能发展报告 . 2022 年 / 南方电网能源发展研究院有限责任公司编著 . —北京：中国电力出版社，2023.4
ISBN 978-7-5198-7749-1

Ⅰ. ①南… Ⅱ. ①南… Ⅲ. ①储能－产业发展－研究报告－中国－2022 Ⅳ. ①F426.2

中国国家版本馆 CIP 数据核字（2023）第 066252 号

出版发行：中国电力出版社
地　　址：北京市东城区北京站西街 19 号（邮政编码 100005）
网　　址：http://www.cepp.sgcc.com.cn
责任编辑：岳　璐（010-63412339）
责任校对：黄　蓓　郝军燕
装帧设计：张俊霞
责任印制：石　雷

印　　刷：北京华联印刷有限公司
版　　次：2023 年 4 月第一版
印　　次：2023 年 4 月北京第一次印刷
开　　本：787 毫米×1092 毫米　16 开本
印　　张：6.25
字　　数：86 千字
印　　数：001—800 册
定　　价：48.00 元

版 权 专 有　侵 权 必 究
本书如有印装质量问题，我社营销中心负责退换

南网能源院年度报告系列
编 委 会

主　　任　张勉荣
副 主 任　张良栋　胡志广　程其云　龚鹤强　左　浩
委　　员　邹贵林　陈　政　李　三　吴鸿亮　杨再敏
　　　　　　黄　豫　张劲松　吴良峥　李于达　才　华

《南方五省区储能发展报告（2022年）》
编 写 组

组　　长　杨再敏
主 笔 人　孙思扬　蒙文川　饶　志
编写人员　陈邵权　席云华　黎立丰

前言 PREFACE

在积极稳妥推进碳达峰、碳中和的背景下，我国能源电力行业在加快规划建设新型能源体系、逐步构建新能源占比逐渐提高的新型电力系统的方向上奋力前行。南方电网能源发展研究院以习近平新时代社会主义思想为指导，在南方电网公司党组的正确领导下，立足具有行业影响力的世界一流能源智库，服务国家能源战略、服务能源电力行业、服务经济社会发展的行业智囊定位。围绕能源清洁低碳转型、新型电力系统建设以及企业创新发展等焦点议题，深入开展战略性、基础性、应用性研究，形成一批高质量研究成果，以年度系列专题研究报告形式集结成册，希望为党和政府科学决策、行业变革发展、相关研究人员提供智慧和力量。

2021年3月15日，习近平总书记主持召开中央财经委员会第九次会议指出，"十四五"是碳达峰的关键期、窗口期，要构建清洁、低碳、安全、高效的能源体系，控制化石能源总量，着力提高利用效能，实施可再生能源替代行动，深化电力体制改革，构建以新能源为主体的新型电力系统。

风电、光伏等新能源出力具有随机性、波动性、间歇性，为新型电力系统安全稳定运行带来巨大挑战。储能可以提供大量的调节能力，对于促进新能源高比例消纳、保障电力安全供应和提高系统运行效率具有重要作用。国家高度重视储能发展，出台了一系列支持储能发展的政策。截至2021年底，中国已投运电力储能项目累计装机46.1GW，同比增长30%，占全球的22%。2021年,中国新增投运储能装机10.5GW,是2020年新增规模的3.3倍。储能有望在"十四五"期间实现规模化、产业化和市场化发展。

作为年度系列专题研究报告之一,《南方五省区储能发展报告(2022年)》从新型电力系统建设要求出发,分析储能的功能定位和发展机遇;总结国家、南方五省区和南方电网公司支持储能发展的政策举措;分析我国及南方五省区储能发展状况、储能需求及发展展望;分析研判储能关键技术进展和发展趋势。报告旨在通过对储能发展形势、政策、技术、南方五省区储能发展状况和问题进行深入分析,提出推动我国及南方五省区储能高质量发展的相关政策建议。

本报告第1章由孙思扬负责编写,第2章由孙思扬、陈邵权负责编写,第3章由蒙文川、孙思扬、饶志负责编写,第4章由孙思扬、蒙文川负责编写,第5章由饶志、蒙文川、席云华、黎立丰负责编写,第6章由孙思扬负责编写,全书由孙思扬、蒙文川统稿。其余编写人员对本报告均有贡献。

本报告在编写过程中,得到了中国南方电网有限责任公司战略规划部、新兴业务部、中国南方电网电力调度控制中心、南方电网调峰调频发电公司等部门和单位的悉心指导,在此表示最诚挚的谢意!

鉴于编者水平有限,报告难免有疏漏及不足之处,敬请读者批评指正!

编 者

2022年9月

目 录
CONTENTS

前言

第 1 章　新型电力系统与储能发展 …………………………………… 1
1.1　新型电力系统发展概况 ………………………………………… 2
1.1.1　构建新型电力系统的意义 ………………………………… 2
1.1.2　南方电网公司构建新型电力系统情况 …………………… 3
1.2　储能发展概况 …………………………………………………… 5
1.2.1　储能的功能定位 …………………………………………… 5
1.2.2　储能的发展机遇 …………………………………………… 8
1.3　小结 ……………………………………………………………… 9

第 2 章　储能发展政策分析 …………………………………………… 11
2.1　国家储能发展政策 ……………………………………………… 12
2.2　南方五省区储能发展政策 ……………………………………… 17
2.2.1　广东储能发展政策 ………………………………………… 17
2.2.2　广西储能发展政策 ………………………………………… 18
2.2.3　云南储能发展政策 ………………………………………… 20
2.2.4　贵州储能发展政策 ………………………………………… 21
2.2.5　海南储能发展政策 ………………………………………… 22

2.3	南方电网公司促进储能发展举措	23
2.4	小结	24

第3章　我国及南方五省区储能发展情况　26

3.1	我国储能发展概况	27
	3.1.1　我国储能发展现状	27
	3.1.2　我国储能产业发展情况	29
3.2	南方五省区储能开发建设情况	30
	3.2.1　抽水蓄能开发情况	30
	3.2.2　电化学储能建设情况	32
	3.2.3　其他类型储能建设情况	34
3.3	南方五省区储能试点示范应用典型项目	35
3.4	储能发展存在问题	41
3.5	小结	43

第4章　南方五省区储能发展展望　45

4.1	南方五省区新型电力系统调节能力需求	46
	4.1.1　电源侧调节需求	46
	4.1.2　电网侧调节需求	51
	4.1.3　负荷侧调节需求	52
4.2	南方五省区储能需求	52
	4.2.1　电源侧新型储能"十四五"需求规模测算	53
	4.2.2　抽水蓄能发展规划	56
	4.2.3　电网侧新型储能发展展望	58
4.3	小结	60

第5章　储能关键技术发展　62

5.1	抽水蓄能	63
	5.1.1　发展现状	63
	5.1.2　发展展望	65

5.2 电化学储能 ·· 66

    5.2.1 发展现状 ·· 66

    5.2.2 发展展望 ·· 73

5.3 其他类型储能 ·· 74

    5.3.1 压缩空气储能 ·· 74

    5.3.2 氢储能 ·· 76

    5.3.3 熔融盐储热 ··· 83

5.4 小结 ·· 84

第6章 相关建议 ·· 85

参考文献 ·· 89

第 1 章

新型电力系统与储能发展

1.1 新型电力系统发展概况

1.1.1 构建新型电力系统的意义

2020年9月22日，习近平总书记在第七十五届联合国大会一般性辩论上宣布，我国将力争2030年前实现碳排放达峰、努力争取2060年前实现碳中和；同年12月12日联合国"2020气候雄心峰会"上，习近平总书记发表题为《继往开来，开启全球应对气候变化新征程》的重要讲话，进一步提出到2030年，国内生产总值二氧化碳排放将比2005年下降65%以上，非化石能源占一次能源消费比重将达到25%左右的目标，风电、太阳能发电总装机容量将达到12亿kW以上。

2021年3月15日，习近平总书记主持召开中央财经委员会第九次会议指出，"十四五"是碳达峰的关键期、窗口期，要构建清洁、低碳、安全、高效的能源体系，控制化石能源总量，着力提高利用效能，实施可再生能源替代行动，深化电力体制改革，构建以新能源为主体的新型电力系统。

实现碳达峰、碳中和目标，能源是"主战场"，电力是"主力军"，构建新型电力系统具有重大的历史意义和现实意义。

第一，构建新型电力系统是落实国家战略部署，实现碳达峰、碳中和目标的重要手段。能源电力行业的"碳达峰""碳中和"进度将直接影响"双碳"目标实现的进程。因此，必须加快构建新型电力系统，大力提升新能源消纳和存储能力，以能源电力绿色低碳发展引领经济社会系统性变革。

第二，构建新型电力系统是推动能源革命，保障能源供应安全的重要战略举措。近年来，我国能源对外依存度逐年攀升，国家能源安全形势日趋严峻。同时，我国风、光等新能源发展潜力巨大，大规模发展新能源可有效促进能源结构多元化，对保障能源安全具有积极意义。电力是可再生能源最为便捷高效的利用方式。构建新型电力系统，将打造更加灵活高效的能源资源优化配置平台，支撑大规模新能源开发与利用，同时可有效促进需求侧大力推进"新电气化"进程，将是推动能源革命、保障能源供应安全的关键。

第三，构建新型电力系统是推动绿色能源技术创新发展，提升能源产业基础能力和产业链现代化水平的重要抓手。 近年来，我国陆上风电、光伏发电装机规模均位列世界第一，海上风电居世界第二，带动了新能源技术和产业快速发展。构建新型电力系统，将带动全行业产业链、价值链上下游共同努力，推动新能源技术创新发展和产业持续变革，并引领全球低碳产业发展，在服务和融入新发展格局中展现更大作为。

1.1.2 南方电网公司构建新型电力系统情况

南方电网公司建设新型电力系统是推动南方五省区电力清洁低碳发展的必然选择，对支持南方五省区及港澳地区实现碳达峰、碳中和目标，保障南方区域能源供应安全具有重要意义。

（一）构建新型电力系统的挑战

构建新型电力系统基本内涵是重构能源产供储销体系，实现能源结构由化石能源为主体向新能源为主体的转型升级。在碳达峰、碳中和背景下，新能源大规模加快开发，绿色能源消费逐步成为社会共识，建筑、工业、交通等终端用能由传统的煤油气等化石能源加快向绿色电能替代升级，以"新能源、新消费、新替代"为特征的新电气化加速推进，电力系统运行的物理规律将发生显著的变化，呈现明显的"双高""双低""双波动"特性。双高，即高比例可再生能源接入与高比例电力电子设备应用；双低，即低可控性与低转动惯量；双波动，即供给侧和需求侧均具有波动性。与传统电力系统相比，新型电力系统在持续可靠供电、电网安全稳定和生产经营等方面将面临重大挑战。

一是电力系统持续可靠供电面临新挑战。 预计南方电网公司"十四五""十五五"期间电力供应形势逐步趋紧，高峰时段存在电力缺口。新能源大规模并网挤占传统电源发电空间，同时风电高峰时段置信容量较低，光伏置信容量与各省负荷特性关系密切，均难以有效发挥顶峰作用，电力平衡愈加困难。尤其在极端天气条件下，新能源发电出力受限、设备耐受能力脆弱，持续可靠供电面临更大挑战。

二是电网安全稳定运行面临新挑战。近年来，国内外发生了多起新能源大规模并网相关的异常事故事件，如英国"8·9"大停电事故、新疆哈密"7·1"次同步振荡事件，南方电网公司也出现过谐波振荡相关的直流闭锁或停运事件。新型电力系统安全稳定问题由传统的工频段扩展到中高频段，将呈现宽频振荡等新特征，且可能存在未知安全风险，相关基础理论、运行特性、控制技术等亟待开展系统研究。

三是电网公司运营模式面临新挑战。新能源能量密度小、发电年利用小时数低，且大型新能源基地通常远离负荷中心，配套建设的送出通道利用率低、投资大，成本回收难度将增加。未来新能源发电成本将逐步降低，但系统所需的调节资源成本将上升。未来电网建设和运营成本不确定性增加，受相关政策影响波动性将加剧。

（二）南方电网公司构建新型电力系统的目标与举措

南方电网公司牢牢把握建设新型电力系统的重大机遇，坚持以习近平生态文明思想为引领，坚决落实碳达峰、碳中和的重大战略决策，深入贯彻"四个革命、一个合作"能源安全新战略，立足新发展阶段、贯彻新发展理念、构建新发展格局，坚持在大局下行动，扛起中央企业创新主力军的责任，加快建设数字电网，在构建新型电力系统中打造南网样本，发挥先行示范作用。

南方电网公司于2021年印发《数字电网推动构建以新能源为主体的新型电力系统白皮书》，提出将依托数字电网建设，多措并举构建新型电力系统，服务碳达峰、碳中和战略目标实现。加快建设数字电网，构建开放共享、合作共赢能源生态系统；全力保障新能源充分消纳，推动构建多元能源供给体系；加快构建坚强主网架和柔性配网，促进能源资源优化配置；以数字技术助推能源消费革命，推动绿色生产生活方式广泛形成；大力实施创新驱动战略，增强构建新型电力系统的科技支撑力和产业带动力。

同年，南方电网公司印发《南方电网公司建设新型电力系统行动方案（2021—2030年）》（以下简称《行动方案》），提出了南方电网公司建设新型电力系统的总体目标：**2025年前**，大力支持新能源接入，具备支撑新能源新增装机1亿kW以上的接入消纳能力，初步建立以新能源为主体的源网荷储体系和市场机制，具备新型电力系统基本特征；**2030年前**，具备支撑新能源再新增装机1亿kW以上的接入消纳能力，推动新能源装机处于主导地位，源网荷储体系和市场机制趋于完善，基本建成新型电力系统，有力支持南方五省区及港澳地区全面实现碳达峰；**2060年前**，新型电力系统全面建成并不断发展，全面支撑南方五省区及港澳地区碳中和目标实现。《行动方案》也提出了南方电网公司建设新型电力系统的重点举措，包含了大力支持新能源接入，统筹做好电力供应，确保电网安全稳定，推动能源消费转型，完善市场机制建设，加强科技支撑能力，加快数字电网建设，增强组织保障能力等八个大项共24个小项的重点举措。

经过多年的发展，南方电网公司在非化石能源电量占比、可再生能源消纳水平、特高压柔性直流输电技术以及复杂大电网运行能力、电力市场建设、数字化转型和数字电网建设等方面均处于国内领先水平。南方电网公司有基础、有经验、有能力，当好新型电力系统建设的先行者，打造清洁低碳电网典范，为我国实现碳达峰、碳中和目标贡献南网力量。

1.2　储能发展概况

1.2.1　储能的功能定位

风电、光伏等新能源发电出力具有随机性、波动性、间歇性，为新型电力系统的电力电量平衡和安全稳定运行带来巨大挑战。在"碳达峰""碳中和"目标约束下，煤电等传统调节电源发展规模受限，未来电力系统的灵性难以满足新能源大规模并网的运行要求。

储能可以为新型电力系统提供大量的调节能力，有效解决新能源出力与用电负荷时空不匹配的问题，显著增强新型电力系统的灵活性，对于促进新能源高比例消纳、保障电力安全供应和提高新型电力系统运行效率具有重要作用。储能在新型电力系统中可以发挥的作用与功能具体表现在以下四个方面。

(1) 提高电力系统灵活性，提升新能源消纳能力

新型电力系统最主要的特征是新能源的大规模并网接入。光伏、风电等新能源具有明显的随机性、间歇性、波动性和反调峰特性，将对新型电力系统的电力电量平衡和安全稳定带来严峻挑战。

目前，储能已广泛应用于新能源发电并网，通过平抑新能源出力波动、减少新能源出力偏差、降低新能源出力峰谷差，有效促进新能源的接入与消纳。

(2) 提高电力系统稳定性

新型电力系统的另一特征是高比例电力电子设备的大规模应用，使得新型电力系统中的转动惯量相对下降，系统抵御扰动能力下降，稳定性问题遇到新的挑战。此外，电网互联规模的扩大也使得系统负阻尼和低频振荡等问题更加突显。

储能可以快速地根据系统目前的状况从系统吸收或向系统发出有功和无功功率，并且有功、无功是相互独立的，因此储能能够在一定程度上影响电网的潮流分布。此外，储能在引入虚拟同步机技术后能对系统稳定性产生影响。因此，储能一方面可以通过其充放电过程改变系统潮流分布，另一方面可以结合电力电子系统和合适的控制手段，可为系统提供虚拟惯量和附加阻尼，可提高电力系统的稳定性，改善电力系统的运行环境。

(3) 应对电网故障及备用

特高压交、直流输电工程在中国大范围资源优化配置中发挥了关键作用。但与此同时，$N-1$ 规则规定：网络中任意一条输电线路故障或直流单极闭锁时，系统不切机不切负荷也应能保持稳定，为避免电网特高压闭锁故障导致切负荷状况的发生，需要配置足够的备用。在电网侧配置大容量储能电站作为紧急备用，以替代火电机组的旋转备用，将避免火电大规模容量的闲置，降低了传统电源单位投资成本。同时，储能还可作为黑启动电源，在停电事故中恢复系统供电，提高电力系统的韧性。将储能作为某个子网的黑启动电源，对所在区域进行恢复，不仅可以缩短整个系统的恢复时间，还可以减少因停电带来的损失。

(4) 延缓输变电投资

发电和输配电系统需按照每年最大预测负荷进行规划和建设。而为确保充裕的传输容量、保障系统安全稳定可靠地向用户提供电能，系统规划还需要预留安全裕量。然而全年尖峰负荷持续时间仅百余小时，为适应尖峰负荷增长建设，输配电设备将造成电网资产利用率低下。此外，随着我国人口增长和经济发展，土地资源紧张和价格上涨也成为限制输电线路建设的关键因素。不仅如此，输配电设备单次投资大、建设周期长、成本回收慢，也将加重企业经营压力。

高峰负荷出现频率低、持续时间短。相比于大规模建设、升级输配电设施，储能仅需较少容量的投资即可削减尖峰负荷、缓解局部短时性缺电，且可根据负荷增长逐步投资，进而提升系统整体的投资效率。

综上所述，储能在新型电力系统中主要有以下三方面的重要价值。

第一，有助于提高新能源消纳水平，实现绿色低碳发展。构建新型电力系统的基本内涵是重构能源产供储销体系，实现能源结构由以化石能源为主体向以新能源为主体的转型升级。与化石能源相比，风电、光伏等新能源是"看天吃饭"的不稳定电源，储能可有效解决新能源出力与用电负荷时空不匹配的问题，实现新能源充分消纳利用。

第二，有助于增强系统灵活性，提高新型电力系统的安全水平。以新能源为主体的新型电力系统呈现明显的高比例可再生能源接入与高比例电力电子设备应用的"双高"特性。在碳达峰碳中和目标约束下，煤电等传统调节电源发展规模受限，未来电力系统的灵活性难以满足新能源大规模并网的运行要求。充放灵活的新型储能不仅可有效提升系统短时调节能力，还可以为系统提供频率、电压支撑，改善电能质量，提高新型电力系统的安全稳定水平。

第三，应用场景多元，有助于提高新型电力系统的运行效率。在电网侧，新型储能通过提高电力与电量平衡的协同度，提升清洁能源消纳能力、大电网安全稳定运行水平和电网投资运行效率，在电网调峰、调频、缓解阻塞、电压支撑与无功控制、故障紧急备用等方面发挥"四两拨千斤"的作用。在电源侧，新型储能与电源有机结合，提升电源的电网响应特性和效率，缓解新能源的间歇性、随机性和波动性对电网的影响。在用户侧，新型储能则提高用电质量，降低配电网高峰容量需求，弥补分布式电源出力和新兴负荷随机性对电网的冲击，带动电网整体供电质量的提升。

1.2.2 储能的发展机遇

"十四五"期间，我国储能将迎来重大发展机遇。

（一）储能在新型电力系统中具有重要作用，将实现规模化发展

构建新型电力系统的核心是新能源成为主体电源后如何实现和保障不同时间尺度的电力电量平衡，解决新能源出力与用电负荷时空不匹配的问题。储能是支撑构建新型电力系统的重要装备和关键技术，是新能源成为主体目标实现的关键，在新型电力系统中的应用场景十分广泛。其中，抽水蓄能和电化学储能各有显著的技术特点，满足新型电力系统不同场景的需求。其中，抽水蓄能具有大规模能量吞吐能力，放电时间为小时级及以上，具有长时间尺度电网调峰及电力平衡能力，主要解决新能源间歇性问题，提升系统调峰能力、系统安全性、特殊天气场景下电力供应保障能力，发挥系统综合作用，对电力系统平衡和电网安全作用明显。新型储能是支撑构建新型电力系统的重要装备和关键技术，具有精准控制、快速响应、布局灵活的特点，可以突破传统电力供需在时间与空间上的限制，将不稳定的新能源出力转化

为稳定可靠的电力供应，在提高电力安全保障能力、促进新能源消纳、提高系统运行效率等方面发挥重要作用。"十四五"及中长期随着新能源的大规模发展，构建新型电力系统对储能等灵活性调节资源的需求激增。储能有望迎来规模化应用，成为新型电力系统的重要组成部分。

（二）随着储能技术成熟、产业集群效应显现及投资回报机制完善，储能将实现市场化和产业化发展

在生产规模、制造工艺不断提升以及储能系统高度集成化发展的驱动下，自2012年以来锂电池储能系统成本已下降约75%，降至约1500元/kWh，基本达到储能系统经济性拐点。随着储能技术的加速突破、商业化应用逐渐成熟，未来仍有较大的成本下降空间。同时，储能可以以独立市场主体身份参与电力中长期交易市场、电力现货市场、辅助服务市场等各类电力市场，还能以独立电站、聚合商、虚拟电厂等多种形式参与如备用、爬坡等多个交易品种辅助服务，具有良好的盈利前景，将逐步实现市场化和产业化发展。

（三）数字技术推动储能与新型电力系统实现灵活互动与高效运行

数字化技术是支撑构建新型电力系统的关键技术。依托云计算、移动互联网、人工智能以及先进传感测量、通信信息、控制技术等现代化技术，新能源可在需求侧响应、虚拟电厂、云储能、市场化交易等多领域与数字技术深度融合，加强规模化储能的集群智能协同控制，提升分布式储能的协同聚合能力，实现"新能源＋储能"协调运行，推动源网荷储之间的高效交互，促进新能源大规模并网和消纳，提升新型电力系统灵活性。

1.3 小结

（一）构建新型电力系统具有重大的历史意义和现实意义，南方电网公司积极推进南方五省区构建新型电力系统

实现"碳达峰""碳中和"目标，能源是"主战场"，电力是"主力军"。

构建新型电力系统是落实国家战略部署，实现碳达峰、碳中和目标的重要手段；是推动能源革命，保障能源供应安全的重要战略举措；是推动绿色能源技术创新发展，提升能源产业基础能力和产业链现代化水平的重要抓手。

南方电网公司于2021年先后印发《数字电网推动构建以新能源为主体的新型电力系统白皮书》《南方电网公司建设新型电力系统行动方案（2021－2030年）》，积极引领南方五省区建设新型电力系统，支持南方五省区及港澳地区实现"碳达峰""碳中和"目标。

（二）储能是新型电力系统的重要组成部分，"十四五"期间有望实现规模化、市场化、产业化发展

风电、光伏等新能源发电出力具有随机性、波动性、间歇性，为新型电力系统的电力电量平衡和安全稳定运行带来巨大挑战。在"碳达峰""碳中和"目标约束下，煤电等传统调节电源发展规模受限，未来电力系统的灵活性难以满足新能源大规模并网的运行要求。

储能可以为新型电力系统提供大量的调节能力，在提高电力系统灵活性、提升新能源消纳能力、提高电力系统稳定性、应对电网故障及备用、延缓输变电投资等方面具有重要作用，有助于提高新能源消纳水平，实现绿色低碳发展，有助于增强系统灵活性，提高新型电力系统的安全水平，有助于提高新型电力系统的运行效率。

随着新能源的大规模发展，新型电力系统对储能等灵活性调节资源的需求激增；依托数字技术，储能与新型电力系统之间将实现更灵活的互动与更高效的运行。随着储能技术成熟、产业集群效应显现及投资回报机制完善，储能在"十四五"期间有望实现规模化、市场化、产业化发展。

第 2 章

储能发展政策分析

2.1 国家储能发展政策

2021年是我国储能发展的关键一年，从国家到地方各层面出台了与储能相关的政策300余项，涉及顶层规划、新能源配套、价格机制、安全管理等各个方面。国家储能相关政策文件如表2-1所示。

表2-1　　　　　2021年至今国家储能相关政策文件

序号	文 件 名 称	发布时间	发布机构	文号
1	《国民经济和社会发展第十四个五年规划和2035年远景目标纲要》	2021年3月	国务院	—
2	《关于进一步完善抽水蓄能价格形成机制的意见》	2021年4月	国家发改委	发改价格〔2021〕633号
3	《关于加快推动新型储能发展的指导意见》	2021年7月	国家发改委、国家能源局	发改能源规〔2021〕1051号
4	《电化学储能电站安全管理暂行办法（征求意见稿）》	2021年8月	国家发改委	—
5	《关于鼓励可再生能源发电企业自建或购买调峰能力增加并网规模的通知》	2021年8月	国家发改委、国家能源局	发改运行〔2021〕1138号
6	《新型储能项目管理规范（暂行）》	2021年9月	国务院	国能发科技规〔2021〕47号
7	《关于完整准确全面贯彻新发展理念做好碳达峰碳中和工作的意见》	2021年9月	中共中央、国务院	—
8	《抽水蓄能中长期发展规划（2021—2035年）》	2021年9月	国家能源局	—
9	《2030年前碳达峰行动方案的通知》	2021年9月	中共中央、国务院	—
10	《电力并网运行管理规定》	2021年12月	国家能源局	国能发监管规〔2021〕60号
10	《电力辅助服务管理办法》	2021年12月	国家能源局	国能发监管规〔2021〕61号
11	《"十四五"新型储能发展实施方案》	2022年3月	国家发改委、国家能源局	发改能源〔2022〕209号

续表

序号	文　件　名　称	发布时间	发布机构	文号
12	《关于进一步推动新型储能参与电力市场和调度运用的通知》	2022年6月	国家发改委、国家能源局	发改办运行〔2022〕475号
13	《南方区域电力并网运行管理实施细则》《南方区域电力辅助服务管理实施细则》	2022年6月	国家能源局南方监管局	南方监能市场〔2022〕91号

（一）顶层设计助力储能跨越式发展

国家接连出台储能相关重磅文件，在国家战略层面给予储能高度认可，从顶层设计上支持储能跨越式发展，为储能高质量发展夯实政策基础。

2021年3月，《国民经济和社会发展第十四个五年规划和2035年远景目标纲要》提出，加强源网荷储衔接，提升清洁能源消纳和存储能力，加快抽水蓄能电站建设和新型储能技术规模化应用。

2021年7月，国家发改革委、国家能源局发布《关于加快推动新型储能发展的指导意见》提出，到2025年实现新型储能从商业化初期向规模化发展转变，装机规模达3000万kW以上；大力推进电源侧储能项目建设、积极推动电网侧储能合理化布局、积极支持用户侧储能多元化发展；建立电网侧独立储能电站容量电价机制，并研究探索将电网替代性储能设施成本收益纳入输配电价回收。

2021年10月，中共中央、国务院发布《关于完整准确全面贯彻新发展理念做好碳达峰碳中和工作的意见》《2030年前碳达峰行动方案的通知》，首次将推动储能发展作为加快构建清洁低碳安全高效能源体系、建设新型电力系统的重要布局和主要工作之一。

2022年3月，国家发改委、国家能源局发布《"十四五"新型储能发展实施方案》，提出了我国新型储能发展的基本原则、发展目标和重点任务。"十四五"期间，我国新型储能的发展重点将是以下五个方面：强化技术攻关，构建新型储能创新体系；以试点示范推进新型储能产业化发展；推进新型储能多场景规模化发展；完善体制机制，推进新型储能市场化发展；建立健全新型储能管理体系。

(二)"新能源+储能"是储能重点发展领域

国家和各地方政府接连出台新能源配置储能相关政策,储能与新能源一体化发展是近期储能发展的重点领域。

国家层面首次规定新能源配置储能的比例要求。2021年8月,国家发改委、国家能源局发布《关于鼓励可再生能源发电企业自建或购买调峰能力增加并网规模的通知》,要求超过电网企业保障性并网以外的规模初期按照功率15%的比例(时长4h以上)配建调峰能力,按照20%以上比例进行配建的优先并网;超过电网企业保障性并网以外的规模初期按照15%的比例购买调峰能力,鼓励按照20%以上比例购买。

各省市结合自身能源资源禀赋条件和储能发展思路,也各自制定了可再生能源配置储能的相关办法,目前已有20多个省市发布了比例在5%~30%、时长1~4h的配置要求,包括青海、新疆、湖北、湖南、山东、宁夏、贵州、陕西、甘肃、河北、山西等省和自治区。其中,山西、湖南储能配置比例最高,山西明确配置储能15%~20%,湖南现有项目都是按照20%比例实施。青海、新疆、海南、湖北、山东、宁夏、陕西、河北等地明确配置10%。部分省市自治区新能源配置储能相关政策如表2-2所示。

表2-2　部分省市自治区新能源配置储能相关政策

发布时间	地区	政策名称	配置比例	配置时长/h
2021年1月	青海	《支持储能产业发展的若干措施(试行)》	不低于10%	2
2021年3月	江西	《关于做好2021年新光伏发电项目竞争优选有关工作的通知》	不低于10%	1
2021年5月	福建	《关于因地制宜开展集中式光伏试点工作的通知》	不低于10%	2
2021年5月	甘肃	《关于"十四五"第一批风电、光伏发电项目开发建设有关事项的通知》	河西地区最低10%,其他地区最低5%	—
2021年6月	天津	《2021—2022年风电、光伏发电项目开发建设和2021年保障性并网有关事项的通知》	单体超过50MW光伏10%,风电15%	2

续表

发布时间	地区	政 策 名 称	配置比例	配置时长/h
2021年6月	湖北	《湖北省2021年平价新能源项目建设工作方案》	不低于10%	2
2021年6月	河南	《关于2021年风电、光伏发电项目建设有关事项的通知》	一类区域10%，二类区域15%，三类区域20%	2
2021年6月	陕西	《陕西省新型储能建设方案（暂行）》（征求意见稿）	风电陕北10%，光伏关中和延安10%，榆林20%	2
2021年7月	宁夏	《关于加快促进自治区储能健康有序发展的通知（征求意见稿）》	不低于10%	4
2021年8月	安徽	《关于2021年风电、光伏发电项目建设有关事项的通知（征求意见稿）》	不低于10%	2
2021年8月	山西	《关于2021年风电、光伏发电项目建设有关事项的通知》	大同、朔州、阳泉等地10%以上	2
2021年8月	内蒙古	《关于2021年风电、光伏发电项目建设有关事项的通知》	不低于15%	3
2021年10月	湖南	《关于加快推动湖南省电化学储能发展的实施意见》	风电15%，光伏5%	2
2021年12月	山东	《关于公布2021年市场化并网项目名单的通知》	不低于10%	2

（三）储能参与电力市场规则逐步完善

储能参与电力市场和辅助服务市场的独立主体地位进一步明确，储能的价格机制和成本疏导机制不断完善，储能商业模式持续创新。

2021年12月，国家能源局正式印发《电力并网运行管理规定》《电力辅助服务管理办法》，明确将储能、虚拟电厂、负荷聚集商等作为辅助服务市场的新主体，并增加了电力辅助服务新品种，完善了辅助服务分担共享新机制，疏导系统辅助服务费用，健全了更加灵活的市场化价格竞争机制。

2022年6月，国家能源局南方监管局印发了《南方区域电力并网运行管理实施细则》《南方区域电力辅助服务管理实施细则》，将容量每小时

5MW 及以上，调度机构能够直接控制的独立储能电站纳入管理；参照煤机深度调峰第二档的补偿标准，其他辅助服务品种采用与常规机组一致的补偿标准；鼓励小容量且分散的储能聚合成为直控型聚合平台，包含负荷聚合商、虚拟电厂等形式。

在抽水蓄能方面，2021 年 4 月，国家发改委发布《关于进一步完善抽水蓄能价格形成机制的意见》，明确抽水蓄能对电力系统各项辅助服务的价值，优化抽水蓄能两部制电价政策，以竞争性方式形成电量电价，健全抽水蓄能电站费用分摊疏导方式，建立容量电费纳入输配电价回收的机制，完善容量电费在多个省级电网的分摊方式。

在新型储能方面，2022 年 6 月，国家发改委、国家能源局联合发布《关于进一步推动新型储能参与电力市场和调度运用的通知》，提出鼓励新型储能作为独立主体参与电力市场，鼓励新能源场站和配建储能联合参与市场，加快推动独立储能参与电力市场配合电网调峰，充分发挥独立储能技术优势，提供辅助服务，坚持以市场化方式形成价格，持续完善调度运行机制，探索将电网替代型储能设施成本收益纳入输配电价回收，保障储能合理收益。

（四）新型储能行业管理制度不断规范

新型储能项目开发建设备案管理流程、并网运行过程、安全运行标准等方面的行业管理制度不断完善。

2021 年 8 月，国家发改委、国家能源局联合发布《电化学储能电站安全管理办法（征求意见稿）》，对电化学储能电站各相关管理部门的职责进行了梳理和划分，要求建立全寿命周期管理体系，覆盖项目规划、准入、制造、施工、并网调度、运行维护及退役等，立足安全，加强对新型储能的规范化管理。

2021 年 9 月，国家能源局印发《新型储能项目管理规范（暂行）》，强调"安全第一、规范管理、积极稳妥"的发展原则，建立全寿命周期的管理规范，明确项目管理职责，破解储能管理困局。

2.2 南方五省区储能发展政策

2.2.1 广东储能发展政策

广东的储能发展政策，主要从储能市场化交易机制及电价等方面进行了支持。

2021年12月1日，《广东省电网企业代理购电实施方案（试行）》指出，明确现阶段服务费用主要包括储能、抽水蓄能电站的费用和需求侧响应等费用，相关费用由直接参与市场交易和电网企业代理购电的全体工商业用户共同分摊。

2021年12月14日，《广东省"十四五"时期深化价格机制改革实施方案》提出，完善居民阶梯电价制度和峰谷分时电价政策，建立健全抽水蓄能、新型储能等调峰备用电源的价格机制。

2021年12月17日，《南方（以广东起步）电力现货市场实施方案（征求意见稿）意见的通知》提出，可再生能源发电、西电及外来电、抽水蓄能电站、储能示范应用项目、可调节负荷等第三方资源逐步参与电力市场交易。

2022年4月13日，《广东省能源发展"十四五"规划》指出，通过新增抽水蓄能、新型储能等调节电源缓解系统调峰压力，做到资源供应有保障、产供储销有弹性、能源发展可持续全面提升能源系统的安全性。2025年新型储能规模预期达到200万kW（建设发电侧、变电侧、用户侧及独立调频储能项目200万kW以上）。表2-3为广东省储能发展相关政策。

表2-3　广东省储能发展相关政策

序号	文　件　名	发布日期	发布机构
1	《关于进一步完善我省峰谷分时电价政策有关问题的通知》	2021年8月	广东省发改委

续表

序号	文件名	发布日期	发布机构
2	《广东省电网企业代理购电实施方案（试行）》	2021年12月	广东省发改委
3	《广东省"十四五"时期深化价格机制改革实施方案》	2021年12月	广东省发改委
4	《南方（以广东起步）电力现货市场实施方案（征求意见稿）意见的通知》	2021年12月	广东省能源局
5	《广东省能源发展"十四五"规划》	2022年4月	广东省
6	《广东省市场化需求响应实施细则（试行）》	2022年4月	广东电力交易中心有限责任公司

2.2.2 广西储能发展政策

广西储能发展政策，主要从配套储能项目评价机制、峰谷电价、储能项目建设形式等方面进行了规定。

2021年5月7日，《关于第二次征求广西2021年平价风电、光伏项目竞争性配置办法有关意见的函》指出，承诺在本次申报项目上新增配置本次申报项目装机容量10%储能装置的得15min，储能配置比例低于5%的不得分，配置比例在5%～10%的按照插值法计算得分。配置储能最高可占20min。

2021年9月2日，《"十四五"时期深化价格机制改革实施方案》指出，落实风电、光伏发电、抽水蓄能和新型储能价格机制，完善小水电上网电价形成机制；强化分时电价政策执行，研究完善广西居民阶梯电价制度。

2021年10月9日，《2021年市场化并网陆上风电、光伏发电及多能互补一体化项目建设方案的通知》指出，列入2021年市场化并网陆上风电建设方案的项目共22个，2021年安排325.1万kW，配20%×2h储能；列入2021年市场化并网光伏发电建设方案的项目共17个，2021年安排330.4万kW，配15%×2h储能。

2021年12月31日，《广西北部湾经济区高质量发展"十四五"规划的通知》指出，建设一批抽水蓄能和新型储能工程，开展"新能源+储能"应用，积极布局"光伏+储能"分布式电源，推动源网荷储一体化和多能互补发展。

2022年3月10日，《广西壮族自治区加快推进既有陆上风电、光伏发电项目及配套设施建设方案》指出，积极开展以集中共享式电化学储能为重点的新型储能示范应用，2023年底前建成投产电化学储能容量不低于150万kW/300万kWh。鼓励电网企业及有实力的新能源投资企业在系统需要的区域建设集中共享储能设施。

2022年6月6日，《广西可再生能源发展"十四五"规划》表示，至2025年，建设一批抽水蓄能电站和新型储能项目，集中式新型储能并网装机规模达到200万kW/400万kWh。因地制宜发展电网侧新型储能，鼓励在负荷密集接入、大规模新能源汇集、调峰调频困难、电压支撑能力不足、电网末端、主变重过载及输电走廊资源紧张等区域合理布局新型储能。表2-4为广西储能发展相关政策。

表2-4 广西储能发展相关政策

序号	文 件 名	发布时间	发布机构
1	《关于征求2021年平价风电、光伏项目竞争性配置办法有关意见的函》	2021年3月	广西能源局
2	《广西壮族自治区峰谷分时电价方案（试行）》	2021年5月	广西发改委
3	《关于第二次征求广西2021年平价风电、光伏项目竞争性配置办法有关意见的函》	2021年5月	广西能源局
4	《"十四五"时期深化价格机制改革实施方案》	2021年9月	广西发改委
5	《关于完善广西分时电价机制方案公开征求意见的公告》	2021年9月	广西发改委
6	《2021年市场化并网陆上风电、光伏发电及多能互补一体化项目建设方案的通知》	2021年10月	广西能源局
7	《关于进一步做好我区增量配电业务改革工作的通知》	2021年12月	广西发改委

续表

序号	文件名	发布时间	发布机构
8	《广西北部湾经济区高质量发展"十四五"规划的通知》	2021年12月	广西区人民政府办公厅
9	《关于规范我市风电光伏新能源产业发展》	2022年1月	广西梧州市人民政府
10	《广西壮族自治区加快推进既有陆上风电、光伏发电项目及配套设施建设方案》	2022年3月	广西发改委
11	《关于完整准确全面贯彻新发展理念做好碳达峰碳中和工作的实施意见》	2022年4月	广西区人民政府
12	《广西可再生能源发展"十四五"规划》	2022年6月	广西发改革

2.2.3 云南储能发展政策

云南储能发展政策，侧重于新能源储能开发利用基地建设、项目配套储能容量等方面。

2021年2月8日，《云南省国民经济和社会发展第十四个五年规划和二〇三五年远景纲要》提出，加快推动以先进以锂离子电池为核心的锂全产业链发展。加快建设300万kW"生态修复＋巩固脱贫攻坚成效＋风光储一体化"的新能源开发利用基地。

2021年9月30日，《关于印发云南省工业绿色发展"十四五"规划的通知》指出，积极培育氢能和储能产业，发展"风光水储"一体化，巩固和扩大清洁能源优势。促进能源消费绿色转型，大力推进工业厂房屋顶分布式光伏发电和储能系统建设。

2022年4月6日，《云南省新能源电池产业发展三年行动计划》指出，到2024年，新能源电池全寿命周期产业链基本建成，新能源电池四大关键材料（正极材料、负极材料、隔膜、电解液）、动力电池、储能电池等制造领域培育形成若干带动效应明显的龙头企业。

2022年4月27日，《云南省"十四五"新型基础设施建设规划》指出，建设智能电网示范区，推进电源、电网、负荷、储能高效互动、动能电力协同互补、用能需求智能调控，精准匹配电力供需，提升电力系统平衡调节能力。依托文山等全省电力负荷中心，提升智慧电网能源负载和优化调度能力。表 2-5 为云南储能发展相关政策。

表 2-5　　　　　　　　云南储能发展相关政策

序号	文 件 名	发布时间	发布机构
1	《云南省国民经济和社会发展第十四个五年规划和二〇三五年远景纲要》	2021 年 2 月	云南省政府
2	《关于印发云南省工业绿色发展"十四五"规划的通知》	2021 年 9 月	云南省工信厅
3	《云南省新能源电池产业发展三年行动计划》	2022 年 4 月	云南省政府
4	《云南省"十四五"新型基础设施建设规划》	2022 年 4 月	云南省政府

2.2.4　贵州储能发展政策

贵州储能发展更多的是采用国家层面的储能政策，侧重点在新能源配套储能、储能产业发展方面。

2020 年 11 月 19 日，《关于上报 2021 年光伏发电项目计划的通知》指出，在送出消纳受限区域，计划项目需配备 10%的储能设施。

2021 年 7 月 26 日，《关于推进锂电池材料产业高质量发展的指导意见》提出，支持优强企业围绕新能源汽车、电化学储能产业，高标准、高起点布局新能源汽车废旧动力蓄电池循环梯次综合利用项目。

2021 年 10 月 19 日，《贵州省加快建立健全绿色低碳循环发展经济体系实施方案（征求意见稿）》指出，依托大型水电站和现有火电厂富余通道，建设一批风光水火储一体化项目，实现多能互补。表 2-6 为贵州储能发展相关政策。

表 2-6　　　　　　　　贵州储能发展相关政策

序号	文 件 名	发布时间	发布机构
1	《关于上报 2021 年光伏发电项目计划的通知》	2020 年 11 月	贵州能源局

续表

序号	文 件 名	发布时间	发布机构
2	《贵州省国民经济和社会发展第十四个五年规划和2035年远景目标纲要》	2021年2月	贵州省政府
3	《关于推动储能电池材料产业高质量发展的指导意见（征求意见稿）》	2021年6月	贵州省政府
4	《关于推进锂电池材料产业高质量发展的指导意见》	2021年7月	贵州省工信厅
5	《贵州省加快建立健全绿色低碳循环发展经济体系实施方案（征求意见稿）》	2021年10月	贵州省发改委

2.2.5 海南储能发展政策

海南的储能发展政策也是更多地采用国家层面的储能政策，其侧重点在储能产业、新能源配套储能评价方面。

2021年3月15日，《关于开展2021年度海南省集中式光伏发电平价上网项目工作的通知》要求，全省集中式光伏发电平价上网项目实施总规模控制，具体由省发展改革委根据2021年度及"十四五"期间全省可再生能源电力消纳责任权重确定。每个申报项目规模不得超过10万kW，且同步配套建设备案规模10%的储能装置。

2022年1月5日，《2022年度海南省集中式光伏发电平价上网项目工作的通知》指出，单个申报项目规模不得超过10万kW，且同步配套建设不低于10%的储能装置。表2-7为海南储能发展相关政策。

表2-7　　海南储能发展相关政策

序号	文 件 名	发布时间	发布机构
1	《关于开展2021年度海南省集中式光伏发电平价上网项目工作的通知》	2021年3月	海南省发改委
2	《海南省"十四五"时期产业结构调整指导意见》	2021年10月	海南省发改委
3	《2022年度海南省集中式光伏发电平价上网项目工作的通知》	2022年1月	海南省发改委

2.3 南方电网公司促进储能发展举措

（一）抽水蓄能方面

南方电网公司高度重视抽水蓄能电站发展，《南方电网"十四五"电网发展规划》提出，加快推进在建及前期抽水蓄能电站，加强中长期抽水蓄能规划研究，做好中长期规划站址保护和有序开发。"十四五"期间建成投产广东梅蓄、阳蓄、肇庆浪江、惠州中洞，广西南宁共5座抽水蓄能电站，开工建设广东江门鹤山、清远英德天堂、河源岑田，广西柳州、桂林灌阳，贵州石厂坝，海南三亚杨林等12座需在"十五五"投产的抽水蓄能以及部分中长期抽水蓄能项目。因地制宜建设中小型化抽水蓄能电站工程，积极推动"十四五"期间开工建设广东江门鹤山抽水蓄能电站。到2025年，全网抽水蓄能装机达到1388万kW，其中广东1208万kW、广西120万kW、海南60万kW；到2030年，全网抽水蓄能总装机达到2968万kW；到2035年，全网抽水蓄能总装机达到4688万kW。

（二）新型储能方面

南方电网公司持续推出政策举措推动南方五省区新型储能发展和应用。为落实国家《关于促进储能技术与产业发展指导意见》等政策，南方电网公司分别于2019年3月和8月印发了《关于印发促进电化学储能发展的指导意见的通知》及《关于进一步做好促进电化学储能发展工作的通知》，提出深化储能影响研究、推动储能技术应用、规范储能并网管理、引领储能产业发展等重点任务；为贯彻落实国家提出的《关于加快推动新型储能发展的指导意见》，南方电网公司2021年8月印发《进一步加快电化学储能业务发展指导意见》，提出2021年底前在粤港澳大湾区完成第一批电网侧储能示范项目建设；2022年底前完成第二批示范项目建设，建成投产一批电源侧、用户侧储能项目；2025年南方电网公司储能业务实现从商业化初期向规模化发展转变；2030年储能业务实现全面市场化发展，储能业务成为公司新兴业务重要利润增长极。

南方电网公司大力推进新型储能发展，"十四五"将新建新型储能 2000 万 kW。《南方电网"十四五"电网发展规划》提出，贯彻落实国家推进新型储能产业发展相关政策，发挥储能技术在新能源并网消纳中的重要作用，推动新型储能科技创新和试点示范项目建设，推动国家出台支持电化学储能发展的政策法规。推动储能技术在电力系统中多场景应用，支持储能系统与电厂机组参与辅助服务；有序推进经济技术比较具备投资替代效益的电网侧储能；支持工业园区、商业综合体、充电站等同步配套储能应用。建设先进储能技术联合实验室，探索推进调峰调频储能云平台建设，打造开放共享的储能产业生态。推动新能源按 20% 比例配套建设新型储能，到 2025 年，全网新型储能装机达到 2054 万 kW。表 2-8 为南方电网公司促进储能业务发展政策举措。

表 2-8　　南方电网公司促进储能业务发展政策举措

序号	发文名称	发布时间	发文号	主 要 内 容
1	《关于印发促进电化学储能发展的指导意见的通知》	2019 年 3 月	办规划〔2019〕17 号	深化储能影响研究，完善储能标准体系，支持电源侧储能应用、加强电网侧储能布局、引导用户侧储能发展；掌握储能系统集成与智能控制核心技术，推动商业模式完善，提升储能系统集成及服务提供能力
2	《关于进一步做好促进电化学储能发展工作的通知》	2019 年 8 月	南方电网计〔2019〕40 号	配合政府建立完成峰谷电价机制；配合国家及地方政府能源主管部门研究明确电网侧储能规划建设原则、项目投资回收机制；积极支持电源侧、用户侧储能应用
3	《进一步加快电化学储能业务发展指导意见》	2021 年 8 月	南方电网新兴〔2021〕15 号	2021 年底前在粤港澳大湾区完成第一批电网侧储能示范项目建设；2025 年南方电网公司储能业务实现从商业化初期向规模化发展转变；2030 年储能业务实现全面市场化发展，储能业务成为公司新兴业务重要利润增长极

2.4　小结

2021 年是我国储能发展的关键一年，国家及南方五省区出台了与储能相关的多项政策，涉及顶层规划、新能源配套、价格机制、安全管理等各个方面。南方电网公司高度重视储能发展，持续推出相关政策举措，推动南方五省区储能发展和应用。

（一）我国高度重视储能发展，国家及南方五省区层面均出台了与储能相关的多项政策

一是顶层设计助力储能跨越式发展。国家接连出台储能相关重磅文件，在国家战略层面给予了储能高度认可，从顶层设计上支持储能跨越式发展，为储能高质量发展夯实政策基础。

二是"新能源＋储能"是储能重点发展领域。国家和各地方政府接连出台新能源配置储能相关政策，储能与新能源一体化发展是近期储能发展的重点领域。

三是储能参与电力市场规则逐步完善。储能参与电力市场和辅助服务市场的独立主体地位进一步明确，储能的价格机制和成本疏导机制不断完善，储能商业模式持续创新。

四是新型储能行业管理制度不断规范。新型储能项目开发建设备案管理流程、并网运行过程、安全运行标准等方面的行业管理制度不断完善。

（二）南方电网公司持续推出相关政策举措，推动南方五省区储能发展和应用

在抽水蓄能方面，《南方电网"十四五"电网发展规划》提出，加快推进在建及前期抽水蓄能电站，加强中长期抽水蓄能规划研究，做好中长期规划站址保护和有序开发。

在新型储能方面，南方电网公司相继印发《关于印发促进电化学储能发展的指导意见的通知》《关于进一步做好促进电化学储能发展工作的通知》《进一步加快电化学储能业务发展指导意见》等文件，提出"十四五"将新建新型储能 2000 万 kW。

第 3 章

我国及南方五省区储能发展情况

第 3 章 我国及南方五省区储能发展情况

3.1 我国储能发展概况

3.1.1 我国储能发展现状

抽水蓄能累计投运装机规模最大，新型储能高速增长。根据中国能源研究会储能专委会、中关村储能产业技术联盟（CNESA）全球储能项目库的不完全统计，截至 2021 年底，中国已投运电力储能项目累计装机规模 46.1GW，同比增长 30%，占全球储能市场的 22%。抽水蓄能依然为累计装机规模最大的电力储能技术，达到 39.8GW，同比增长 25%，所占比重持续下降，与 2020 年相比下降了 3 个百分点。储能市场增量主要来自新型储能，累计装机规模达到 5729.7MW，同比增长 75%，占电力储能总装机的 12.5%。图 3-1 为中国电力储能市场累计装机分布（截至 2021 年底）。

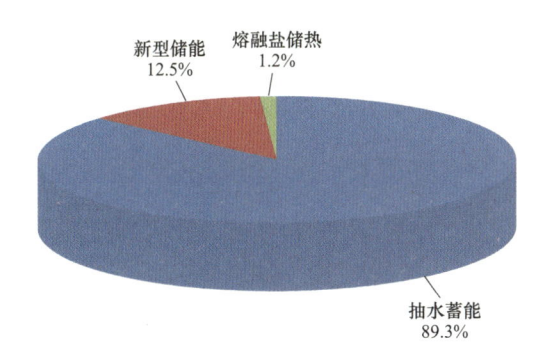

图 3-1 中国电力储能市场累计装机分布（截至 2021 年底）

电力储能新增投运装机规模首次突破 10GW。2021 年，中国新增投运储能项目的装机规模为 10.5GW，是 2020 年的 3.3 倍。其中，抽水蓄能新增投运规模超过 8GW，创历史新高，是 2020 年新增规模的 5.4 倍。图 3-2 为 2021 年中国新增投运电力储能项目技术分布。

抽水蓄能装机规模迎来爆发。2021 年，我国新增投运的抽水蓄能电站包括国家电网经营区域内的 6 座电站和南方电网经营区域内的 2 座电站项目，总规划容量合计 13.1GW，在 2021 年和 2022 年期间实现全部机组的投产运行。

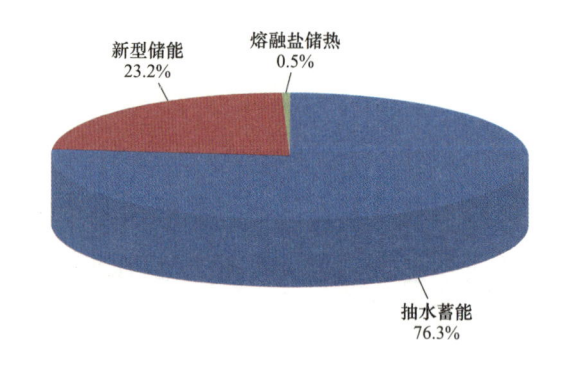

图 3-2　2021 年中国新增投运电力储能项目技术分布

新型储能迈进规模化发展时代。2021 年，新增投运新型储能项目装机规模超过 2.4GW，同比增长 57%，继续刷新历史。新增规划、在建项目规模 23.8GW，绝大部分项目计划在未来 1~2 年建成。另外，大规模储能项目数量不断增多，百兆瓦级项目数量达到 78 个，规模合计 16.5GW。

锂离子电池累计装机规模突破 5GW，占据新型储能技术绝对主导地位。截至 2021 年底，锂离子电池累计装机规模超过 5.1GW，同比增长 77%，占新型储能总装机规模的比重达到 90%。新增投运规模方面，首次突破 2GW，同比增长 47%，所占比重超过 91%。图 3-3 为中国已投运锂离子电池储能项目装机规模。

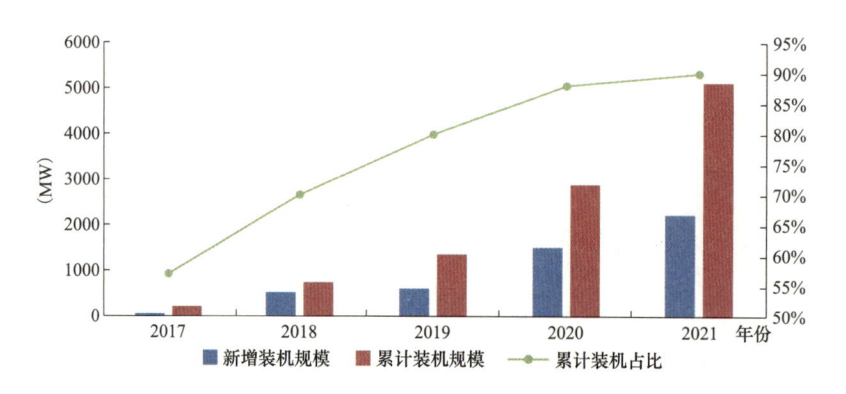

图 3-3　中国已投运锂离子电池储能项目装机规模

电源侧储能保持装机规模第一，新能源配储和独立储能是主要增量来源。在电源侧，截至 2021 年底，储能累计装机规模超过 2.5GW，同比增长 65%，其中新增投运规模超过 1GW，继 2020 年首次超过用户侧储能位居第一后，继续保持第一的位置，占比超过 40%。**在电网侧**，2021 年电网侧储能新增投运规模 854.3MW，是 2020 年的近 1.5 倍，接近 60% 的新增装机来自于独立储能电站。**在用户侧**，截至 2021 年底的累计装机规模为 1728.9MW，同比增长 51%，其中 2021 年新增投运新型储能项目装机规模 585.4MW，同比增长 78%。图 3-4 为中国已投运新型储能项目应用分布（截至 2021 年底）。

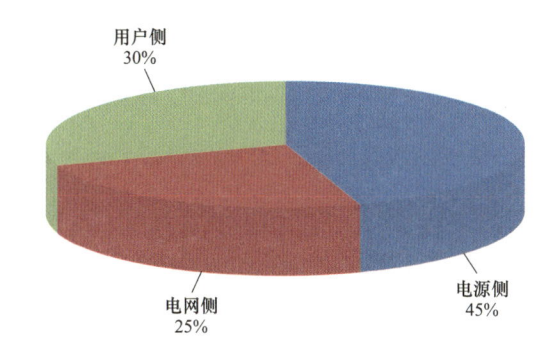

图 3-4　中国已投运新型储能项目应用分布（截至 2021 年底）

3.1.2　我国储能产业发展情况

根据 CNESA《储能产业研究白皮书 2022》数据显示，我国储能行业的应用领域处于快速发展阶段，产业链分工逐渐细化。

在装备制造方面：装备制造是行业发展的先导和基础，主要包括电池、变流器等核心产品及配套零部件的生产。随着行业规模、产业链生态的不断完善，呈现了百家争鸣的发展形势。其中，2021 年中国新增投运的新型储能项目中，装机规模排名前十位的储能技术供应商依次为：宁德时代、中储国能、亿纬动力、鹏辉能源、南都电源、海基新能源、力神、远景动力、中创新航和中天科技。

在项目投资方面：储能项目投资的兴起表明行业逐渐走向成熟。2021年行业部分龙头企业组成联合体，已在用户侧储能项目的投融资模式上取得了长足的进展。

在项目开发方面：储能项目的前期开发需要较强的专业背景支撑，周期较长。目前国内从事储能项目开发的人员和企业数目仍较少。

在工程建设方面：储能项目的工程建设包括设计、土建、安装、调试等环节，需要电气电力领域较强的专业背景，对工程建设专业能力、业绩经验、资金投入的忽视，可能会导致安全质量事故的发生。

在运营维护方面：储能项目的运营维护将保持其生命周期内稳定运行，需要科学的运营管理制度、专业技术人员和适当的经费预算。随着储能项目功能和收入来源的多样化，不断出现新的模式创新和专业化的运营团队。

在安全质量方面：包括标准制定、认证检测、监理监造、消防及应急处置等环节，是储能产业健康持续发展的重要支撑。

3.2 南方五省区储能开发建设情况

3.2.1 抽水蓄能开发情况

截至2021年底，南方五省区已投运的抽水蓄能电站共7座（含部分投运），总装机798万kW，其中2021年11月阳江、梅州抽水蓄能电站首台机组投产，装机容量分别为40万kW、30万kW。南方五省区抽水蓄能电站建设情况见表3-1。

表3-1　　南方五省区抽水蓄能电站规划建设情况

序号	电站名称	建设位置	总装机容量（万kW）	机组规模（万kW）	已投产装机（万kW）	接入系统电压等级（kV）	投产时间
1	广州抽水蓄能电站	广东省广州市	240	30×8	30×8	500	

续表

序号	电站名称	建设位置	总装机容量(万 kW)	机组规模(万 kW)	已投产装机(万 kW)	接入系统电压等级(kV)	投产时间
2	深圳抽水蓄能电站	广东省深圳市	120	30×4	30×4	220	2016年首台机组投产
3	惠州抽水蓄能电站	广东省惠州市	240	30×8	30×8	500	
4	清远抽水蓄能电站	广东省清远市	168	32×4	32×4	500	
5	梅州抽水蓄能电站	广东省梅州市	120	30×4	30×4	500	2021年11月，首台机组投产；2022年4月，2号、3号机组投产；2022年6月，4号机组投入运营
6	阳江抽水蓄能电站	广东省阳江市	240	40×6	40×3	500	2021年11月首台机组并网投产；2022年5月前投产3台机组
7	海南抽水蓄能电站	海南省琼中县	60	20×3	20×3	220	—
8	肇庆抽水蓄能电站	广东省肇庆市	120				在建
9	河源抽水蓄能电站	广东省河源市	120				在建
10	南宁抽水蓄能电站	广西南宁市	120				在建
11	修文石厂坝	贵州省贵阳市	120				已批复
12	贵定黄丝	贵州省黔南州	120				已批复

粤港澳大湾区的抽水蓄能装机容量达到接近千万千瓦。 2022年4—6月，阳江抽水蓄能电站3台机组、40×3万 kW 陆续投产，梅州抽水蓄能电站2台机组、40×2万 kW 投产。南方电网建设的广东梅州、阳江两座百万千瓦级抽水蓄能电站同时投产发电，粤港澳大湾区电网成为世界上抽水蓄能

装机容量最大、电网调节能力最强、清洁能源消纳比重最高的世界级湾区电网。截至2022年6月，南方五省区抽水蓄能装机突破1000万kW，达1028万kW。其中，粤港澳大湾区的抽水蓄能装机容量达到968万kW，为粤港澳大湾区打造世界清洁能源利用示范湾区提供了坚强的支撑。

深圳抽水蓄能电站接入城市电网系统。深圳抽水蓄能电站是南方电网公司首座全面国产化设计、制造、安装、调试的抽水蓄能电站。该电站是我国可再生能源发展规划中的重点建设工程，也是西电东送的落点和粤港电网的连接点。该站以220kV接入深圳电网，主要用于满足珠三角负荷中心不断增长的系统调峰需求，改善核电、火电运行条件，缓解深圳乃至香港电网负荷压力，提高电网运行安全和经济性。

梅州抽水蓄能电站创造国内最短建设工期记录。2021年11月，梅州抽水蓄能电站首台发电机组正式投产发电，成为"十四五"开局之年南方五省区内首台投产的抽水蓄能机组，2022年5月，梅州抽水蓄能电站首期3台陆续投入运营。该电站规划装机容量240万kW，分两期建设，其中一期工程装机容量120万kW，一期4台机组全部投产后预计年发电量可达15.7亿kWh。该电站主体工程开工至首台机组投产仅用时41个月，创造了国内抽水蓄能电站最短建设工期纪录。

南方五省区根据系统需要因地制宜合理发展抽水蓄能电站。从单台装机规模来看，有20万kW、30万kW、40万kW级，阳江抽水蓄能电站单机容量40万kW在国内最大。从接入系统电压等级来看，以500kV接入省级电网为主，同时也因地制宜接入负荷密集的地方电网，深圳抽水蓄能电站以220kV接入。南方电网公司正加快推进广东肇庆浪江、惠州中洞、广西南宁三个抽水蓄能电站建设，贵州两个抽水蓄能电站站址已获得国家能源局批复。

3.2.2 电化学储能建设情况

南方五省区电化学储能呈现迅猛发展态势。近年来受国家和地方政策的推动,以及储能产业技术进步及成本快速下降,南方五省区电化学储能市场发展迅猛。2021年南方五省区新增电化学储能装机容量约302.2MW(广东299.7MW,海南2.5MW,其余省区无新增),同比增长3.4%,增速大幅放缓,主要是上年基数较大所致。截至2021年底,南方五省区累计投运电化学储能项目装机容量约851.2MW,同比增长55.4%。

南方五省区电化学储能发展地域差异较大。广东电化学储能发展迅速,其余四省区发展缓慢。截至2021年底,南方五省区均有电化学储能项目分布。2021年,南方五省区电化学储能总装机规模呈翻倍增长,主要归功于广东电化学储能装机快速增长拉动。2021年,广东省新增投运电化学储能装机299.7MW,位居全国第三位(山东装机589.5MW,江苏装机376.0MW),而广东在2019年、2020年新增投运规模均占全国首位。截至2021年底,广东省电化学储能项目装机规模为819.9MW,同比增长128.4%。

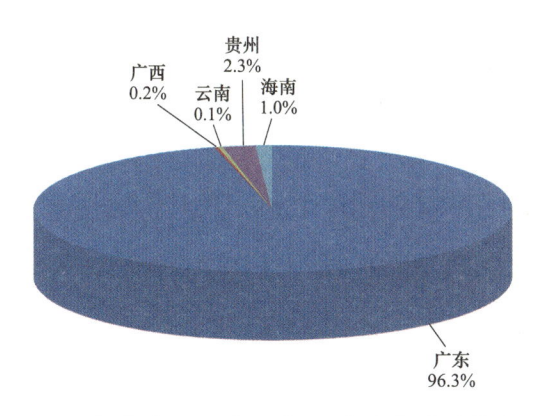

截至2021年底,南方五省区电化学储能累计装机规模占比见图3-5。

图3-5 2021年底南方五省区电化学储能累计装机规模占比

南方五省区电源侧电化学储能占据绝大部分。从电化学储能装设位置来看,截至2021年底,南方五省区电源侧储能项目装机规模最大,占比约75.9%,主要是由于广东火电机组调频市场活跃,电化学储能装机应用较多。其次为用户侧,占比为18.9%,主要是用于用户侧峰谷差电价套利。电网侧占比5.2%。2021年底南方五省区各环节电化学储能装机占比见图 3-6。

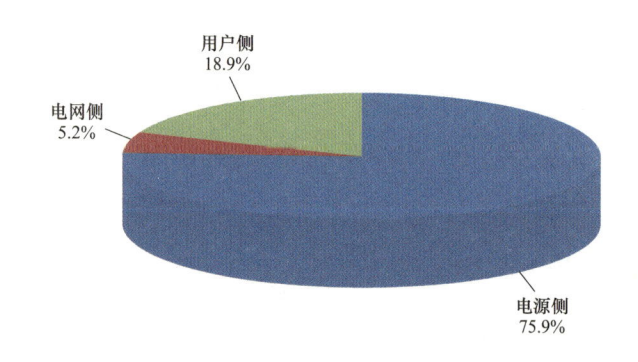

图 3-6　2021 年底南方五省区各环节电化学储能装机占比

广东经济核心城市区较大的峰谷分时电价为用户侧储能提供了套利空间。广东省的深圳、广州、珠海、佛山、中山和东莞等市是南方五省区中大工业电价、工商业电价中峰谷价差最大的区域，峰谷差高于 0.7 元/kWh，高于行业普遍认同的用户侧储能投资盈亏线 0.7 元/kWh，对于主要盈利模式为峰谷价差套利的用户侧储能来说，产业发展环境较为优越。

3.2.3　其他类型储能建设情况

（一）氢能项目开发建设情况

南方电网公司加快探索氢能应用关键技术及在电力行业的应用。南方电网公司将可再生能源并网与消纳技术作用重点的发展方向，继 2018 年首台氢能应急发电车落户广东电网公司云浮供电局之后，第二台升级版氢能应急发电车已在广东电网公司江门供电局投入使用。为进一步布局氢能产业，开展前瞻性应用研究，2020 年南方电网公司首个氢能源领域研究中心广东电网公司广州供电局氢能源研究中心正式成立。

广州供电局氢能源研究中心在氢能全产业链关键技术领域科技研究全面布局，包括高能效电解水制氢、高能效低成本安全储氢、高性能低成本的燃料电池发电、氢能应急供电系统关键技术（应急电源车、配网不停电作业等）、氢综合能站技术攻关、氢能全产业链在电网集成应用研究等，并同步开展氢能在电网应用标准化系统及标准化建设研究等。尤其在 SOFC 高温燃料电池关键技术与核心零部件领域，引进国外先进设备和人才，通过工程示范－吸收转化－再创新的技术攻关模式，加快 SOFC 高温燃料电池关键技术研发。

（二）压缩空气储能项目开发建设情况

2021 年，我国首套 10MW 先进压缩空气储能系统在贵州毕节正式并网发电，标志着我国在电力储能技术领域取得重大进展。毕节 10MW 压缩空气储能系统最大储能容量为 40MWh，最大发电功率为 10MW，能同时满足 3000 多户居民的用电需要，并能起到电网调峰、调相、旋转备用、应急响应、黑启动等作用。系统额定效率为 60.2%，具有规模大、成本低、寿命长、不依赖于储气洞穴、不燃烧化石燃料、环境友好等特点。

3.3 南方五省区储能试点示范应用典型项目

(1) 配合常规火电参与辅助服务应用场景示范项目

2020 年 8 月，国家能源局公示了首批科技创新（储能）试点示范项目，示范项目共 8 个，分别涵盖可再生能源发电侧、用户侧、电网侧、配合常规火电参与辅助服务等 4 个应用场景。其中广东省 2 个，均为配合常规火电参与辅助服务应用场景示范项目。

科陆－华润电力（海丰小漠电厂）30MW 储能辅助调频项目，建设规模 30MW/14.93MWh，业主单位是华润电力（海丰）有限公司，项目突破点之一是标志着储能调度从电厂侧控制走向电网直接控制。该项目直控模式让电厂侧储能不只局限于辅助机组调频，有了多样化的选择和盈利模式，成功试验了独立储能一次调频、二次调频、调峰、自动电压控制、黑启动、备用等功能。

佛山市顺德德胜电厂储能调频项目，建设规模 9MW/4.5MWh，业主单位是佛山市顺德五沙热电有限公司。在项目中，智光储能与五沙热电采用类

EMC 模式合作，公司投资相关设备并负责运营，而项目获得调频收益由双方按约定分享。

(2) 海南单体容量最大的光储示范项目

2022年4月，大唐文昌翁田 10 万 kW 农光互补＋储能示范项目顺利建成投产发电，是海南完成单体容量最大的光储示范项目。该项目是海南省"十四五"期间重点建设项目之一，也是目前海南单体容量最大和文昌市"十四五"第一个开工的农光互补＋储能项目。该项目投产后首年利用小时数可达 1401h，年均向海南电网提供超过 1.74 亿 kWh 的纯绿色清洁电力。大唐文昌翁田农光互补＋储能示范项目装机容量 100MW，通过 4 回 35kV 集电线路接入新建的 110kV 升压站，并配套建设 25％、2h 配置 25MW/50MWh 储能系统，通过 1 回 110kV 架空线路送至 220kV 变电站，送出线路长约 23km。

(3) 阳江抽水蓄能电站

阳江抽水蓄能电站是目前国内已投运单机容量最大的抽水蓄能电站。阳江抽水蓄能电站位于广东省阳春市与电白县交界处的八甲山区，地理位置处于广州、湛江粤西片的中部，直线距广州市 230km，距阳春市 50km，距阳江市 60km。电站规划装机规模 2400MW，分两期建设，其中一期装机容量 1200MW，安装 3 台单机容量为 400MW 的立轴单级混流可逆式机组，二期工程根据电力市场的发展情况适时建设。

阳江抽水蓄能电站圆满完成 700 米级、40 万 kW 超高水头、超大容量抽水蓄能机组设计制造自主化任务，机组设计难度位于世界前列。建成世界首条 800 米水头级钢筋混凝土衬砌水道，节约造价近 30％，节省资金约 2 亿元。工程建设中，完成了 12 项关键技术研究、14 项新技术首次应用，多项技术填补国内乃至世界抽水蓄能领域的空白，并获得 35 项国家专利。

(4) 深圳宝清储能电站

深圳宝清电池储能站是世界首座兆瓦级锂离子调峰调频电池储能站。深圳宝清电池储能站位于广东省深圳市龙岗区宝龙工业区，总占地面积

3900m²，以 2 回 10kV 电缆接入深圳电网 110kV 碧岭变电站，具备削峰填谷、紧急系统调频、紧急系统调压和备用电源等功能，是世界首座兆瓦级锂离子调峰调频电池储能站。

深圳宝清电池储能站由南方电网调峰调频发电公司建设运营，是南方电网兆瓦级电池储能站关键技术研究及应用的试点工程，设计规模 10MW/40MWh。工程首期建设 4MW/16MWh，2011 年 1 月首兆瓦电池储能系统投产，同年 9 月首期全部投运。2014 年 10 月，建成并投运国家"863 计划"储能课题 2MW/2MWh 高压级联电池储能系统示范工程；2019 年 12 月，建成并投运 4MW/4MWh 调频储能系统，电站投运总规模 10MW/22MWh。深圳宝清电池储能站自投运以来，积极探索大容量电池储能站在配网侧的应用，开展科研试验，积累运维经验，全面验证了电化学储能系统具备的快速、灵活的调峰、调频、调压、黑启动等功能特性和系列项目科研成果。

深圳宝清电池储能站定位为科研示范项目，自建设、运营以来，积极开展科研试验，探索大容量电池储能站在配网侧的应用，积累运维经验，全面验证了电化学储能系统具备的快速、灵活的调峰、调频、调压、黑启动等功能特性和系列项目科研成果。深圳宝清电池储能站为 20 多家单位提供了"产、学、研、用"科研合作平台，所取得的科研成果被推广应用于国内外多个风光储等电网工程以及大量的新能源汽车和发电厂控制装置，为我国电化学储能行业发展做出较大贡献，社会效益显著。工程的成功建设标志着我国在大容量电池储能核心技术和设备国产化上取得重大突破，是我国能源基础研究和建设领域取得的重大创新，对我国全面建设智能电网、大规模开发和利用新能源有重要意义。

(5) 南方电网公司首批电网侧独立储能电站示范项目

南方电网公司首批电网侧独立储能电站示范项目建成投产。 2021 年底至 2022 年初陆续投产的黎贝站等 3 个电池储能项目，是南方电网公司新兴业务领域首批电网侧储能示范项目。其中，**黎贝站电池储能项目**在广东电网东莞 220kV 黎贝变电站内新建，建设规模 5MW/10MWh，其建设面积仅为 540m^2，高度集成化是该储能电站的一大亮点和突破点；**广东东莞 110kV 杨屋站电池储能项目**在东莞 110kV 杨屋变电站围墙外新建，建设规模 10MW/20MWh；**广州 110kV 芙蓉站电池储能项目**建设在芙蓉变电站内，建设规模 5MW/10MWh。

三个示范项目主要的作用是解决变电站主变过载问题、储能电站将在用电低谷时段消纳来自附近地区的富余电源，在城市日用电高峰顶峰发电，同时为电网提供调频、调压、应急备用等辅助服务，提升片区调峰和供电能力，提高区域电网的供电可靠性和供电质量。同时，示范项目在标准化设计、全氟己酮消防技术路线、储能站充放电模块发热及气体监视研究、储能系统模块化、高能量密度、高可靠性集成技术、电网侧储能分时多场景综合应用调控策略等方面进行示范。通过项目实施，形成了预制舱式电化学储能电站设计导则、设备技术规范、运行维护规程等一系列储能领域南方电网企业标准，对南方电网公司进一步推进储能项目建设和实施提供规范指导。表 3-2 为南方电网公司系统投资参与电网侧储能部分项目。

表 3-2 南方电网公司系统投资参与电网侧储能部分项目

地区	项目名称	类型	储能容量	项目进展	投资参与单位
深圳	宝清电池储能站	电网侧	6MW/18MWh	2012 年一期、2014 年二期投产	南方电网调峰调频公司
广州	变电站退役电池梯级利用储能示范工程项目（白兔站）	电网侧	0.32MW/3.2MWh	2017 年投产	广东电网广州供电局
深圳	110kV 潭头变电站储能项目	电网侧	5MW/10MWh	2018 年 11 月投产	深圳供电局
东莞	220kV 黎贝变电站侧电池储能建设项目工程	电网侧	5MW/10MWh	2022 年 2 月投产	南方电网调峰调频公司
东莞	110kV 杨屋变电站侧电池储能建设项目工程	电网侧	10MW/20MWh	2021 年 12 月投产	南方电网调峰调频公司

续表

地区	项目名称	类型	储能容量	项目进展	投资参与单位
广州	110kV芙蓉变电站侧电池储能建设项目	电网侧	5MW/10MWh	2021年12月投产	南方电网调峰调频公司

(6) 贵州 10MW 先进压缩空气储能系统

2021年10月，由中国科学院工程热物理研究所研发的10MW集气装置储气先进压缩空气储能系统在贵州毕节正式并网发电。贵州毕节10MW先进压缩空气储能系统早在2016年底实现示范运行，累计运行时间超过4000h，是目前国际上容量最大、功能最全、测量范围最宽的先进压缩空气储能集成验证与示范平台，最大储能容量40MWh，最大发电功率10MW，系统额定效率为60.2%。该储气先进压缩空气储能技术具有规模大、成本低、寿命长、不受地理条件限制、环境友好等特点，可在夜间电网负荷低谷时通过压缩机将空气压缩并存入集气装置存储，在白天用电高峰时将高压空气释放驱动膨胀机带动发电机发电，可实现电力系统调峰、调相、旋转备用、应急响应、黑启动等功能。示范系统的正式并网有利于灵活调整用电负荷和电网电量，缓解高峰电力供需紧张；有利于探索压缩空气储能系统接入电网后的调度模式和商业模式；有利于提升可再生能源发电比例，助力"碳达峰、碳中和"目标实现，并带动相关产业发展，服务地方经济。表3-3为贵州省新型储能项目。

表3-3　　　　　　　　贵州省新型储能项目

项目名称	投运时间	项目地点	装机容量	技术类型	系统定位
贵州10MW先进压缩空气储能系统	2021年10月	毕节市	10MW/40MWh	压缩空气储能	电网侧，用于调峰、调相等

(7) 氢储能示范工程

南方电网公司内氢能技术研发力量主要集中在南方电网电力科技股份有限公司、广州供电局氢能源研究中心和云南电网电力科学研究院。其中，广州供电局氢能源研究中心在氢能的制、储、用等环节布局和启动了10余项科技项目和示范工程，开展核心技术攻关。

在制氢环节，广州供电局氢能源研究中心重点开展关于固体氧化物电解技术（SOEC）的研究。"固体氧化物电解池的单池结构与短堆研究"项目在电解池的电极材料和结构上做出了重要改进，有效提高了电极活性与稳定性；对短堆结构（短堆由少量单电池组成，是电堆集成的基础）进行了优化和验证，提出了短堆衰减机理和改进方法，大幅度降低老化衰减速率。电解池的短堆运行已超过 1000h，衰减率低于 0.4%，成果达到国际先进水平，为后续开展百千瓦固体氧化电解装置研发奠定了坚实基础；国家能源局首批中国－芬兰能源合作示范项目"广州南沙'多位一体'微能源网示范工程"引进国内首台 60kW 固体氧化物燃料电池，核心部件和系统集成采用国际先进技术，主要研究燃料电池与电网耦合应用；南方电网公司重点专项"千瓦级固体氧化物电解池制氢系统研制及应用研究"通过研究可逆固体氧化物电池系统，实现在 SOEC 模式下的输入功率不低于 100kW，大幅提升原可研的千瓦级技术指标。此外，在质子交换膜电解制氢方面，"PEMFC 燃料电池高效发电技术研究"针对系统匹配及能量管理策略、PEMFC 耐久性和系统散热技术开展研究，研制 PEMFC 燃料电池 1 套，其发电功率不小于 200kW，发电效率不低于 55%，寿命力争达到 4 万 h。

在储氢环节，广州供电局氢能源研究中心将研究重心放在固态储氢方面。"规模化固态氢储能系统研究"项目将通过对储氢材料制备技术研究和固态储氢系统的开发，最终形成固态储氢材料的批量制备技术，并开发出固态储氢系统，搭配燃料电池使用，满足电网规模化储能的要求；"基于固态储氢技术的氢能应急电源车集成研究"项目研制基于固态储氢技术的氢能应急电源车，具有体积储氢密度高、工作压力低、安全性能好、安静、清洁、环境友好等诸多优点，将在大城市配电网应急保供电等方面发挥有效作用；"固态储供氢装置热管理系统设计和加氢站集成技术"课题主要开展固态储供氢装置与电网侧储能型加氢站的系统集成研究，完成在不同加注等级与加注模式下固态储供氢装置的运行验证与评价，以及储氢发电示范验证。

在用氢环节，依托项目"加氢站用高安全固态储供氢技术"将建设国内首套基于固态储氢技术的电网侧储能型加氢站。在国内率先开展高安全固态储供氢装置在车用加氢及电网侧储能一体化系统的示范验证，积累运行数据，开展应用能效综合评估，为固态储供氢技术在电网领域应用提供技术解决方案。该项目示范工程规划建于南沙区小虎岛化工区内，与规划同安变电站在一个整体地块内，氢能用地面积约 6900m^2。目前正开展一期建设，用地约 3800m^2。通过该项目建设，打造一座耦合可再生能源发电、电解水制氢、固态储氢、静态氢压缩及氢燃料电池发电调峰、兼备加氢服务的智慧能源站，可为 35MPa 燃料电池车提供快速加氢服务，实现电网侧储能调峰、应急备用等功能。

3.4 储能发展存在问题

（1）新型储能技术经济性有待提高

新型储能的成本与经济性问题是制约产业发展的瓶颈，目前以锂离子电池为代表的电化学储能的度电成本与抽水蓄能电站相比还有一定的差距。还需从新型储能本体、系统集成等多方面入手，提高新型储能技术成熟度，解决新型储能成本与经济性方面的问题。

（2）储能成本疏导机制尚不完善

储能成本尚不能通过输配电价疏导。其中，抽水蓄能电站容量电费还没有正式纳入输配电价，未能及时疏导至用户侧。新型储能成本仍然较高，现有商业模式获利空间有限。一是电源侧新型储能成本仍普遍高于新能源上网指导电价。根据业内对电化学储能系统经济性的测算，南方五省区内仅有广东的新能源上网指导电价略高于当前的锂电池度电成本。同时由于新能源电站配套储能的相关机制不完善，目前全国新能源场站储能设备利用率普遍较低，储能设备投资成本难以回收。二是用户侧新型储能发展受限于峰谷差电价偏小。峰谷价差套利是当前用户侧储能应用较普遍的商业模式，由于储能设备前期投入较大、收益来源单一，成本回收周期较长，即便珠三角等峰谷价差较高的地区的投资回报周期也普遍在7～8年以上。而新型储能的其他功能，如提高电能质量、提供紧急备用等，尚无法作为稳定的收益来源。

（3）储能的市场化体制机制尚不健全

适应储能发展的电力市场体制机制尚未建立。储能在电力市场中的主体地位虽有政策明确但仍尚未有效实施，储能参与电力市场的准入条件、交易机制和技术标准仍不成熟，交易、调度和结算体系还难以与之匹配；加之电力辅助服务补偿机制不完善，导致大部分储能项目仍需要依附于其他市场主体，造成储能项目收益机制不明确、预期收益不稳定，储能以独立市场主体身份参与电力辅助服务市场仍存在重重困难。

（4）抽水蓄能大规模发展面临建设周期、站址、环保等因素制约

抽水蓄能电站站址通常受到地理位置、地形条件、地质条件等多个环境因素制约，且建设上下水库会淹没大面积的植被造成生态破坏，从而站址资源有限，开发规模受限，且抽水蓄能电站建设周期通常较长，市场化的投资收回机制尚未建立，制约了抽水蓄能大规模发展。

（5）电化学储能安全事故时有发生，标准不健全和管理不规范是根本原因

安全问题是制约储能行业快速发展的重要因素。近年来电化学储能安全事故时有发生，国内外已总计发生30多起储能电站起火事故，造成财产损失和人员伤亡。标准不健全和管理不规范是储能安全事故频发的根本原因。一方面，致灾机理不清、故障诊断不准、预警不及时、灭火困难且易复燃等技术难题导致该类火灾事故防控困难；另一方面，储能安全设计、运维、评价、处置等标准不健全，储能的安全管理缺乏依据。在储能标准建设方面，我国已颁布的标准涵盖了储能系统通用技术条件、储能系统规划设计、接入电网规定、电池本体技术要求、装备技术条件等方面。目前储能行业亟需开展标准制定的方面包括储能控制保护设备基本技术条件、储能电池系统运行维护、储能运行环境要求、储能消防安全等方面。同时，在研发新型储能各类技术路线时，需重点考虑新型储能的本质安全问题，从根本上消除新型储能安全隐患。

3.5 小结

受相关政策的大力支持，我国及南方五省区储能行业实现跨越式发展，装机规模高速增长，产业链不断成熟，各类储能技术百花齐放。但在蓬勃发展的同时，我国储能行业仍存在诸多问题亟需解决。

(1) 我国及南方五省区储能行业实现跨越式发展

我国抽水蓄能和以电化学储能为代表的新型储能的装机规模均实现高速增长。截至 2021 年底，中国已投运电力储能项目累计装机规模 46.1GW，同比增长 30%，占全球储能市场的 22%。2021 年，中国新增投运储能项目的装机规模为 10.5GW，是 2020 年的 3.3 倍。其中，抽水蓄能装机规模迎来爆发，新型储能迈进规模化发展时代，锂离子电池占据新型储能技术绝对主导地位，储能技术逐步从试点示范实现商业化应用。同时，我国储能产业链不断成熟，储能应用领域快速发展，产业链分工逐渐细化。

南方五省区抽水蓄能电站建设加快，电化学储能迅猛发展，各类储能技术百花齐放。南方五省区已投运（含部分投运）的抽水蓄能电站共 7 座，其中广东省 6 座，海南省 1 座；2021 年南方五省区新增电化学储能装机容量约 302.2MW，截至 2021 年底，南方五省区累计投运电化学储能项目装机容量约 851.2MW，同比增长 55.4%。其中，广东电化学储能发展迅速，电源侧电化学储能占据绝大部分。另外，压缩空气储能、氢储能等多种储能技术也在南方五省区进行了试点示范应用。

(2) 我国储能行业仍存在诸多问题亟需解决

一是新型储能技术经济性有待提高。新型储能的成本与经济性问题是制约产业发展的瓶颈，还需从新型储能本体、系统集成等多方面入手，提高新型储能技术成熟度，解决新型储能成本与经济性方面的问题。

二是储能成本疏导机制尚不完善。目前储能成本尚不能通过输配电价疏导。其中，抽水蓄能电站容量电费还没有正式纳入输配电价，未能及时疏导至用户侧；新型储能成本仍然较高，现有商业模式获利空间有限。

三是储能的市场化体制机制尚不健全。储能在电力市场中的主体地位虽有政策明确但仍未有效实施，储能参与电力市场的准入条件、交易机制和技术标准仍不成熟，交易、调度和结算体系还难以与之匹配，电力辅助服务补偿机制不完善，导致储能项目收益机制不明确、预期收益不稳定。

四是抽水蓄能大规模发展面临建设周期、站址、环保等因素制约。抽水蓄能电站站址通常受到地理位置、地形条件、地质条件等多个环境因素制约，且建设上下水库会淹没大面积的植被造成生态破坏，从而站址资源有限，开发规模受限，且抽水蓄能电站建设周期通常较长，市场化的投资收回机制尚未建立，制约了抽水蓄能大规模发展。

五是电化学储能安全事故时有发生，标准不健全和管理不规范是根本原因。一方面，致灾机理不清、故障诊断不准、预警不及时、灭火困难且易复燃等技术难题导致该类火灾事故防控困难；另一方面，储能安全设计、运维、评价、处置等标准不健全，储能的安全管理缺乏依据。目前储能行业亟需开展标准制定的方面包括储能控制保护设备基本技术条件、储能电池系统运行维护、储能运行环境要求、储能消防安全等方面。同时，在研发新型储能各类技术路线时，需重点考虑新型储能的本质安全问题，从根本上消除新型储能安全隐患。

第 4 章

南方五省区储能发展展望

4.1 南方五省区新型电力系统调节能力需求

4.1.1 电源侧调节需求

新型电力系统最主要特征是新能源为主体。为保障新能源高水平消纳利用，解决新能源出力随机性、波动性、间歇性问题，需着力提升电力系统灵活调节能力。新型电力系统电源侧的调节能力需求主要体现在以下方面。

(1) 超短周期（毫秒至秒级）调节能力需求

风电、光伏采用电力电子装备接入电网，大规模接入将使电力系统转动惯量减小，降低系统抗扰动能力，导致系统故障时频率、电压波动加剧。此外，电力电子装备本身抗干扰能力也弱于常规机电设备，系统故障时风电、光伏机组容易大规模脱网，引发严重连锁故障。超短周期调节能力要求重点解决新能源出力快速波动且频率电压耐受能力不足，提升系统一次调频能力。

《电力系统安全稳定导则》(GB 38755—2019)要求电源应具备一次调频能力，且应满足相关标准要求，着重解决新能源场站不参与一次调频，造成电力系统调频能力不足的问题。根据《电力系统网源协调技术规范》(DL/T 1870—2018)，新能源场站（风电场、光伏电站）应具备不小于10%额定负荷的调节能力，并在15秒根据机组响应目标完全响应。图4-1为不同风电渗透率下系统故障后频率变化曲线。

从短周期调节需求与储能技术的匹配来看，电化学储能响应速度最快可以达到毫秒级，持续放电时间在分至小时级，功率等级、能源转化效率、循环寿命相对较高，充放电转换较为灵活，适用于频率控制、改善电能质量、可再生能源消纳等应用场景。

(2) 短周期（分至小时级）调节能力需求

高比例新能源电力系统中，电力供需双侧都呈现随机波动的特性，常规电源不仅要跟随负荷变化，还要平衡新能源的出力波动，增大了电网调节的难度。短周期调节能力要求重点解决新能源机组短时出力随机性和波动性带来的系统频率和潮流控制困难的问题。

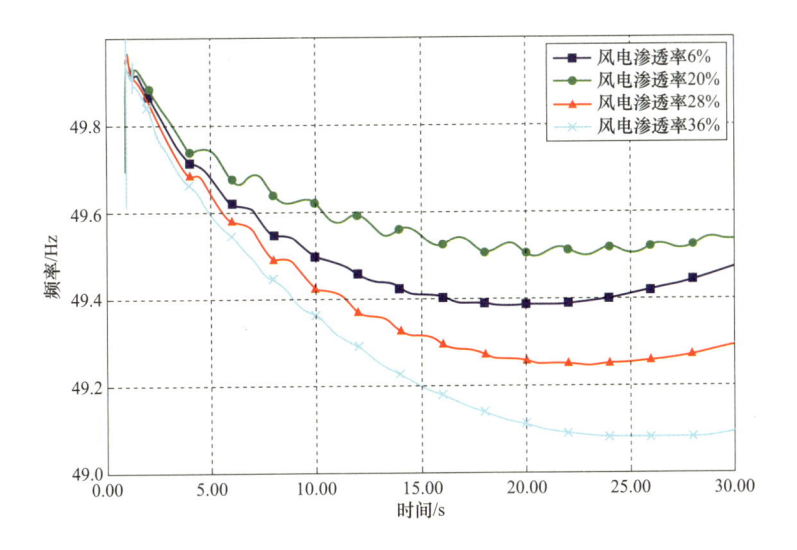

图 4-1 不同风电渗透率下系统故障后频率变化曲线

参考我国新能源富集省区情况，单个风电场、光伏电站分一小时级最大功率波动可达 15%、25% 左右。而考虑整体区域新能源功率波动率，风电最大波动率约 6%，光伏最大波动率为 22%~27%，可通过配套一定规模电化学储能解决。图 4-2 为某风电场（44MW）典型日出力曲线，图 4-3 为某光伏电站（60MW）典型日出力曲线。

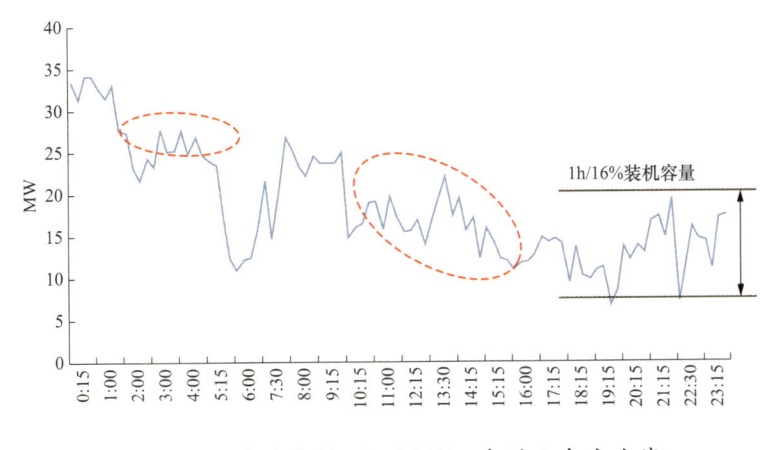

图 4-2 某风电场（44MW）典型日出力曲线

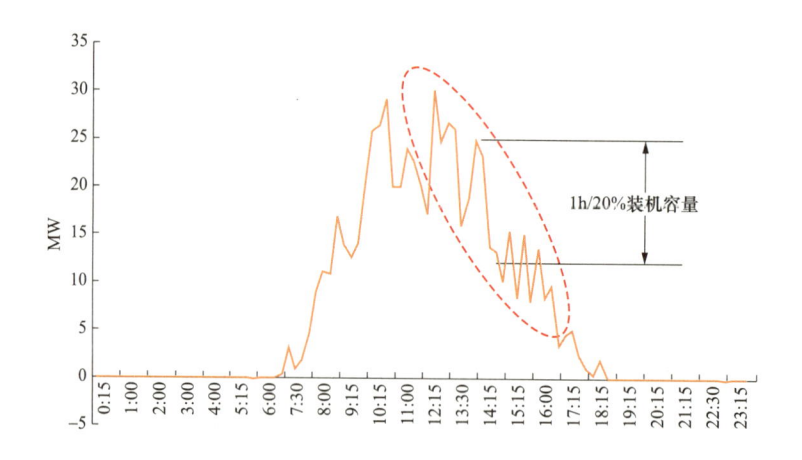

图 4-3 某光伏电站（60MW）典型日出力曲线

(3) 日内调节能力需求

新能源出力特性与用电负荷特性匹配性较差，尤其是风电反调峰特性显著。负荷低谷时，风电出力往往处于较高水平；负荷高峰时，风电出力则处于较低水平，增大了系统峰谷差，给系统调峰带来巨大压力。广西、云南、贵州、海南四省/自治区日最大负荷主要在晚高峰，此时光伏出力极低，无法提供有效电力支撑。日内调节能力要求重点解决风电反调峰特性加剧系统调峰压力，以及光伏在负荷晚高峰无法顶峰等问题。图 4-4 为风电典型日出力特性曲线（广东），图 4-5 为光伏电站典型日出力特性曲线（云南）。

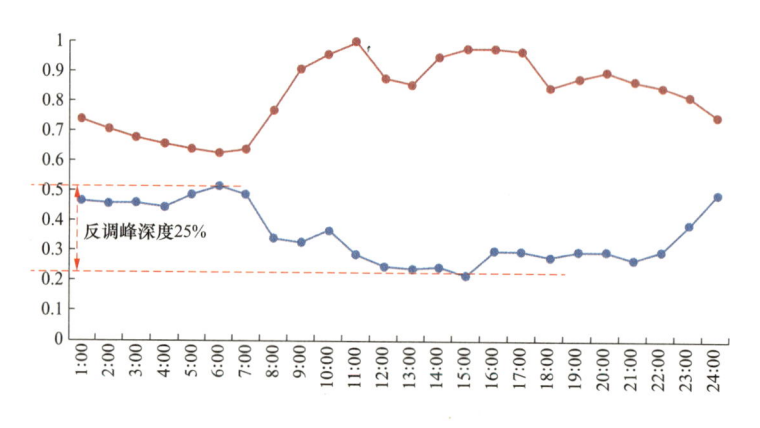

图 4-4 风电典型日出力特性曲线（广东）

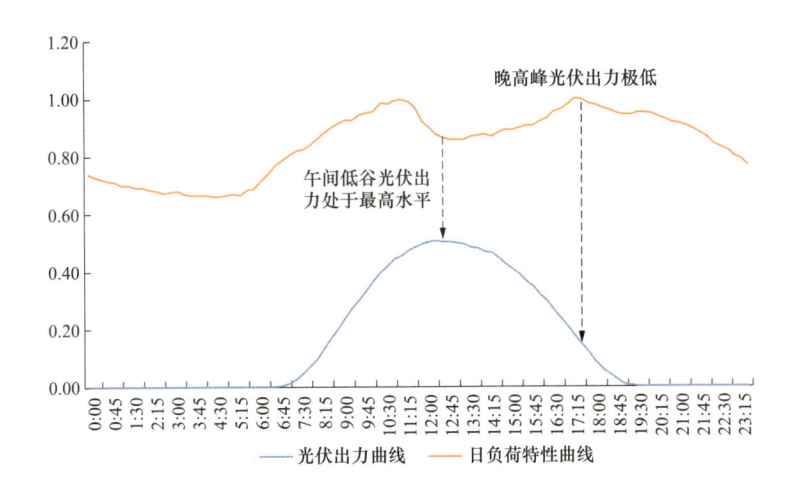

图 4-5　光伏电站典型日出力特性曲线（云南）

(4) 多日、周调节能力需求

新能源易受气象条件影响，极端情况下可能出现长时间出力偏低的情况，如长时间阴雨天气导致光伏出力持续偏低，台风天气风电机组会自动进入停转顺桨状态。多日、周调节能力要求重点解决新能源受极端天气影响而导致的在较长时间尺度上电力供应不确定性问题。

图 4-6 为广东某海上风电在遇到多日风速大于 25m/s（风力 10 级）天气状况时停机工作，出现连续多日出力极低的情况。

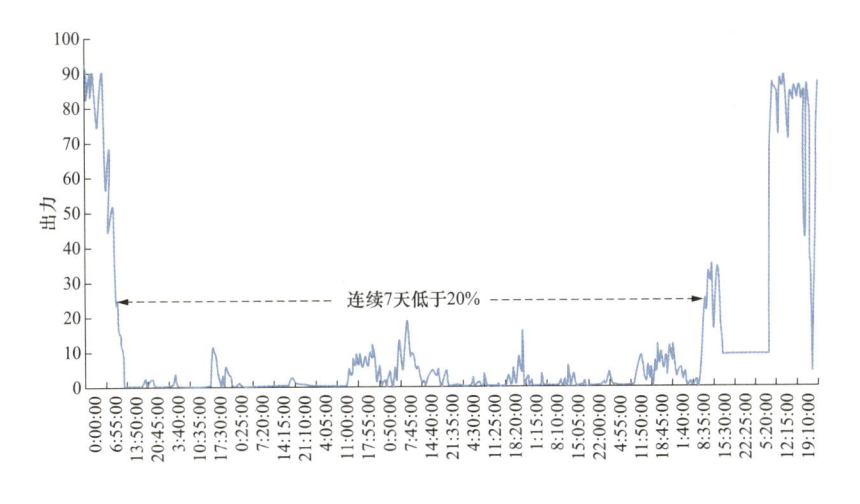

图 4-6　海上风电场一周出力曲线（广东）

此外，新能源出力具有较大随机性，主要提供电量替代效益。根据典型新能源场站全年8760点出力分布统计，风电5%尖峰发电量对应的装机容量达20%，光伏5%尖峰发电量对应的装机容量则高达40%，可通过科学合理设置新能源消纳率实现系统技术经济最优。图4-7为广东桂山海上风电场全年出力分布曲线，图4-8为云南红河南庄光伏电站全年出力分布曲线。

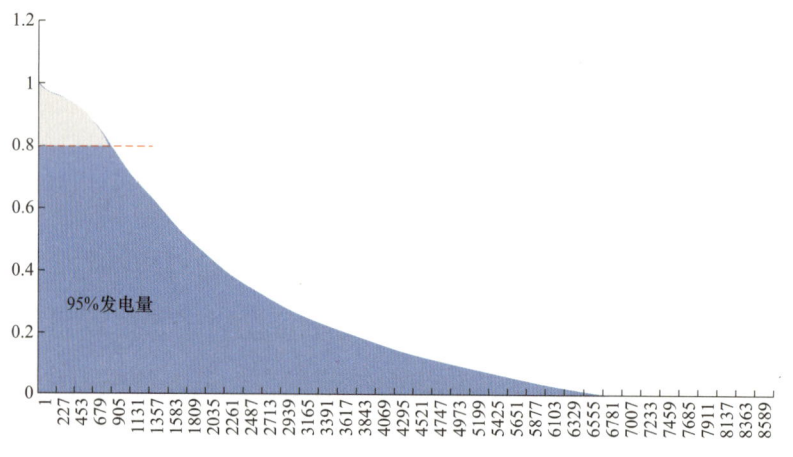

图4-7 广东桂山海上风电场全年出力分布曲线

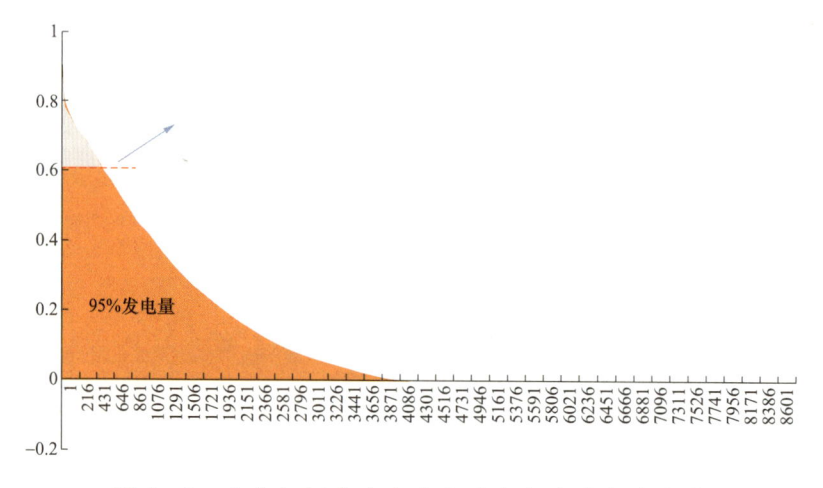

图4-8 云南红河南庄光伏电站全年出力分布曲线

对于电力系统出现的多日、周时间尺度调节需求，需要统筹全网性调节资源，加大风光水火储一体化和联合优化调度，充分发挥煤电灵活性改造后的调节作用，适当配置具有周调节功能的长周期储能。

4.1.2 电网侧调节需求

(1) 调峰

在新型电力系统背景下,随着高比例新能源的接入,由于风电出力的反调峰特性以及光伏出力与高峰负荷的不匹配性,系统净负荷峰谷差进一步增大,使电力系统的调峰面临严峻挑战。在大规模新能源并网后,风电、光伏等新能源发电的控制功能单一,不具备常规机组调峰、调频、调压等功能。随着直流外送电增加、新能源逐渐替代常规电源,系统转动惯量和调节能力下降。

储能能够增加系统的可调可控性,也可对新能源发电进行时序转移、减小系统净负荷变化速率,为系统提供调峰、爬坡等灵活资源,从而显著提高发输电设备的利用率,为国家和社会节约巨额投资。

(2) 调频

电力系统传统的调频方式,是通过增减发电机的功率输出以响应频率的变化。而在新型电力系统背景下,系统调频面临新的要求与挑战。新能源出力具有显著的随机性和波动性,可能会造成系统频率偏差,严重时会导致系统频率越限,进而危及电网的安全稳定运行。此外,随着新能源的大规模并网应用,目前我国灵活调节电源的容量占比越来越小,快速调频容量不足的问题突显,亟需新的调频手段出现。

储能具有响应速度快、调节灵活的特点,可有效跟踪新能源出力和负荷的随机波动,调频性能甚至超过常规机组,有助于提高电网的电能质量和频率稳定性。尤其是当电网薄弱时,有大量的风电或其他可再生能源并入电网,储能的作用尤为凸显。

(3) 缓解阻塞

当输电能力的增加不能与峰值电力需求的增长、新能源发电能力的增长保持同步时,系统容易发生阻塞问题。对电网采取适当的投资新建或扩建部分线路,是解决阻塞问题的一种方式,而储能则可以提供一种更为经济的解决方案。

对于电源侧，如可再生能源送出受阻、电网出现"窝电"现象时，可利用储能将不能向系统输送的多余出力储存起来，然后在输电通道富余时刻储能设备放电，可以有效避免可再生能源的浪费，提高发电机组的利用小时数。对于负荷侧，如主变过载、产生送电红区时，可利用储能在电量充足时将"相对过剩"的电量储能起来，在电量不足时为用户供电。同时，储能还可在输电通道富余时段吸收电能，在输电通道紧张时段释放电能供给用户，充分利用输电通道，有效缓解线路阻塞。

（4）电压支撑与无功控制

电力系统的无功功率控制直接影响系统各节点的电压偏差。大规模新能源并网不仅改变了传统电网的结构，更因大量电力电子变换器的使用使得电网的无功电压特性发生了显著变化，给电网无功电压控制带来了很大挑战。

随着大规模新能源的并网，常规的无功调控技术已不能很好地满足电网稳定运行的需求。储能由于具有对功率和能量的时间迁移能力，且具有控制灵活和响应快速的特点，可根据需要快速灵活地进行双向无功功率、双向有功功率交换，可为电网提供无功和电压支撑，有效改善常规发电的静态出力特性及风力发电的动态响应特性。

4.1.3 负荷侧调节需求

在负荷侧，新型电力系统的调节需求主要体现在"削峰填谷"。新型储能具有响应速度快、调节灵活的特点，可根据需求响应信号快速做出充放电响应，实现平滑负荷曲线、减少发电机组投资和稳定电网运行的效果。

4.2 南方五省区储能需求

南方五省区储能在"十四五"期间将迎来跨越式发展。《南方电网"十四五"电网发展规划》提出，"十四五"期间将建成投产广东梅蓄、阳蓄、肇庆浪江、惠州中洞，广西南宁共 5 座抽水蓄能电站，到 2025 年，全网抽水蓄能装机达到 1388 万 kW，其中广东 1208 万 kW、广西 120 万 kW、海南 60 万 kW；推动新能源按 20％比例配套建设新型储能，到 2025 年，全网新型储能装机达到 2054 万 kW。

4.2.1 电源侧新型储能"十四五"需求规模测算

电源侧配置储能，主要为了解决新型电力系统在超短周期和短周期的调节问题，可通过新能源场站配套一定比例的电化学储能来解决。目前，南方五省区结合自身能源资源禀赋条件和储能发展思路，各自制定了新能源配置储能的相关办法，但要求配置的储能容量比例不一。

广西要求新能源市场化并网新增储能装置调节能力配置比例不低于 15％。2021 年 6 月，广西发改委发布《关于申报 2021 年陆上风电、光伏发电项目的通知》，将陆上风电和集中式光伏发电申报分为保障性并网项目和市场化并网项目，其中保障性并网项目采取竞争性配置方式，不要求配置储能；市场化并网项目在满足一定技术要求后鼓励加快建设，通过新增储能装置等多种方式，项目调节能力配置比例原则上不低于风电装机容量的 20％与光伏装机容量的 15％之和。

贵州新建新能源项目按 10％配套建设储能。2020 年 11 月 19 日，《关于上报 2021 年光伏发电项目计划的通知》指出，在送出消纳受限区域，计划项目需配备 10％的储能设施。2022 年 7 月，贵州省能源局批复同意 2022 年贵州省新建新能源项目按照市场化项目配置储能，新增风、光新能源项目同期配套建设 10％×2h 的储能设施。

海南集中式光伏发电同步配套建设储能 10％。2021 年 3 月，海南发改委发布《关于开展 2021 年度海南省集中式光伏发电平价上网项目工作的通知》，明确提出 2021 年度单个光伏项目规模不超过 10 万 kW，且同步配套建设备案规模 10％的储能装置。

广东、云南尚未出台新能源项目储能配置相关政策。

南方五省区新能源配置储能政策见表 4-1。

表 4-1　　　　　　　　南方五省区新能源配置储能政策

发布日期	发布部门	文件名称	主要内容
2021 年 6 月	广西发改委	《关于申报 2021 年陆上风电、光伏发电项目的通知》	项目调节能力配置比例原则上不低于风电装机容量的 20% 与光伏装机容量的 15% 之和。配套建设的新增调节能源项目要求与新能源发电项目同步建成、同步并网
2019 年 12 月	《贵州省能源局》	《贵州省可再生能源电力消纳实施方案》	开展综合性储能技术应用示范，推进储能设施建设，促进"源-网-荷-储"协调发展；建立完善市场化消纳机制；逐步建立消纳量核算补充机制
2020 年 11 月	贵州省能源局	《关于上报 2021 年光伏发电项目计划的通知》	鼓励风光互补、火光互补、水光互补等联合送出，鼓励区域内多家项目单位多个项目打捆联合送出，提升消纳能力；在送出消纳受限区域，计划项目需配备 10% 的储能设施
2021 年 3 月	贵州省能源局	《关于下达贵州省 2021 年第一批光伏发电项目开展前期工作计划的通知》	储能设施具体配置比例根据电网调度需要、项目年可利用小时数和建设时序而定。项目申请备案时，项目单位需提供储能设施配置比例、投产时间等书面承诺
2021 年 3 月	海南发改委	《关于开展 2021 年度海南省集中式光伏发电平价上网项目工作的通知》	单个光伏项目规模不超过 10 万 kW，且同步配套建设备案规模 10% 的储能装置

根据《南方电网"十四五"电网发展规划》，2020 年，南方五省区风电、光伏装机约 5300 万 kW。按照碳达峰、碳中和目标导向，预计南方五省区"十四五"期间风电、光伏装机规模新增 1 亿 kW，"十五五"再新增 1 亿 kW。2025 年，南方五省区风电、光伏装机规模达到 1.5 亿 kW，2030 年、2035 年进一步增加至 2.5 亿 kW、3.0 亿 kW 左右，占全国风电、光伏总装机比重进一步提升。其中"十四五"期间：

广东新增新能源装机 4000 万 kW，其中陆上风电 259 万 kW、海上风电

1714万kW、光伏2014万kW。新增海上风电主要分布在粤东、粤西近海浅水区域，并逐步向近海深水区拓展。新增光伏主要分布在粤西和粤北地区。

广西新增新能源装机1810万kW，其中陆上风电900万kW、海上风电300万kW、光伏600万kW。新增装机主要布局在沿海钦北防和桂西南地区。

云南新增新能源装机2790万kW，其中风电1390万kW、光伏1400万kW。新增风电主要分布在曲靖、楚雄、红河、文山等地，新增光伏主要分布在大理、楚雄、昆明等地。

贵州新增新能源装机2360万kW，其中风电320万kW、光伏2040万kW。新增装机主要布局在黔西、黔西北地区，与煤电布局存在一定的互补效益。

海南新增新能源装机520万kW，其中风电120万kW、光伏400万kW。新增光伏装机分散布局在琼北、琼西、琼南、琼东地区，新增风电主要布局在东方、文昌附近海域。

根据各省区新能源"十四五"规划情况，各省区出台相应的新能源场站配套储能比例要求的，按照各省份要求比例计算；未出台相应的新能源场站配套储能比例要求的，则照按国家能源局鼓励的15%计算。南方五省区"十四五"期间电源侧储能需求规模如表4-2所示。

表4-2 南方五省区"十四五"期间电源侧储能需求规模

地区	新增新能源装机规模（万kW）	配套电源侧储能比例	配套电源侧储能规模（万kW）
广东	4000	15%	600
广西	1810	15%	270
云南	2790	15%	420
贵州	2360	10%	240
海南	520	10%	50
全网	11 480	—	1580

4.2.2 抽水蓄能发展规划

抽水蓄能主要解决新型电力系统在日内和多日时间尺度的调节问题，可统一在电网侧配置。《南方电网"十四五"电网发展规划》提出，加快推进在建及前期抽水蓄能电站，加强中长期抽水蓄能规划研究，做好中长期规划站址保护和有序开发。"十四五"期间建成投产广东梅蓄、阳蓄、肇庆浪江、惠州中洞，广西南宁共5座抽水蓄能电站，开工建设广东江门鹤山、清远英德天堂、河源岑田，广西柳州、桂林灌阳，贵州石厂坝，海南三亚杨林等12座需在"十五五"投产的抽水蓄能以及部分中长期抽水蓄能项目。因地制宜建设中小型化抽水蓄能电站工程，积极推动"十四五"期间开工建设广东江门鹤山抽水蓄能电站。到2025年，全网抽水蓄能装机达到1388万kW，其中广东1208万kW、广西120万kW、海南60万kW；到2030年，全网抽水蓄能总装机达到2968万kW；到2035年，全网抽水蓄能总装机达到4688万kW。

(1) 广东抽水蓄能电站规划方案

广东省"十四五"期间新建的抽蓄站点主要是为了满足珠三角电力供应、调峰及应急保障需求。"十五五""十六五"期间新建的抽蓄站点应在保障珠三角电力供应、调峰及应急保障需求基础上，重点解决粤东粤西大规模海上风电、北部山区光伏发电、沿海核电等并网消纳的问题。

"十四五"期间，建成投产梅州抽蓄、阳江抽蓄、肇庆浪江、惠州中洞抽水蓄能电站，新增总装机容量480万kW。**"十五五"期间**，建成投产江门鹤山（60万kW）、河源岑田、清远英德天堂、揭阳揭西马头山、阳江阳西东水、茂名电白黄坭田、云浮水源山等7个抽水蓄能布点（共计780万kW），同时在珠三角负荷中心及东、西两翼沿海地区新增一批中型抽水蓄能电站（容量约200万kW），总装机容量共计约980万kW。**"十六五"期间**，建成投产江门台山黄茅岗（80万kW）、汕尾赤石牙、肇庆广宁长滩、清远阳山水晶背、潮州潮安青麻园、阳江阳东走马坪、河源龙川等7座抽水蓄能电站（共计约 800 万 kW），同时继续在珠三角负荷中心及东、西两翼沿海地区新增一批中型抽水蓄能电站（容量约 200 万 kW），总装机容量共计约 1000 万 kW。至 2035 年，广东省抽水蓄能总规模约 3100 万 kW。

此外，根据水电水利规划设计总院《广东省抽水蓄能电站选点规划调整报告审查意见》，梅州、阳江抽水蓄能电站是广东省难得的周调节站点，梅蓄二期、阳蓄二期扩建可根据电力发展需要适时开发。

（2）广西抽水蓄能电站规划方案

广西"十四五""十五五"期间新建的抽蓄站点主要是为了满足南宁、桂林、柳州等重点城市负荷中心的电力支撑、调峰及应急保障需求，并兼顾解决桂北地区风电大规模发展带来的调峰问题。"十六五"期间新建的抽水蓄能站点应在保障重点城市电力供应基础上，重点解决南部沿海核电、大规模海上风电等并网消纳的问题。

"十四五" 期间，建成投产南宁抽水蓄能电站，新增装机容量 120 万 kW。**"十五五"** 期间，建成投产柳州、桂林灌阳、玉林电站，新增总装机容量 360 万 kW。后续将根据电力系统调峰需求和项目布局，进一步研究论证安排建设时序。**"十六五"** 期间，建成投产贵港、南宁武鸣、钦州灵山、防城港上思抽水蓄能电站，新增总装机容量 480 万 kW。后续将根据电力系统调峰需求和项目布局，进一步研究论证安排建设时序。

（3）贵州抽水蓄能电站规划方案

贵州省"十四五"期间无建成投产的抽水蓄能电站。"十五五""十六五"期间新建的抽水蓄能站点应在保障贵州枯期供电、调峰及应急保障需求基础上，重点解决负荷中心电源支撑、系统调节和全省新能源消纳的问题。

"十五五" 期间，建成投产贵阳石厂坝抽水蓄能电站，新增装机容量 120 万 kW。**"十六五"** 期间，建成投产黔南黄丝抽水蓄能电站，新增装机容量 120 万 kW。至 2035 年，贵州省抽水蓄能总规模约 240 万 kW。

按照政府能源主管部门开展的抽水蓄能站点普选初步结果，贵州省储备抽水蓄能站址包括毕节威宁乐平蓄能电站、安顺市紫云达灯蓄能电站（100

万 kW)、遵义市余庆构思蓄能电站、黔西高家湾蓄能电站、黔西南州兴仁莲花蓄能电站、黔西南州晴隆光马蓄能电站（80 万 kW）等 34 个站址资源。

（4）海南抽水蓄能电站规划方案

海南省"十四五"期间无建成投产的抽水蓄能电站。"十五五""十六五"期间新建的抽水蓄能站点应在保障海南电力供应、调峰及应急保障需求基础上，重点解决西部核电、光伏发电等并网消纳的问题。

"十五五"期间，建成投产三亚羊林抽水蓄能电站，新增装机容量 120 万 kW。"十六五"期间，随着后续核电以及新能源的发展，可再新增抽水蓄能电站 120 万 kW。

按照政府能源主管部门开展的抽水蓄能站点普选初步结果，海南储备抽水蓄能站址包括东方板桥、昌江石碌、琼中黄竹坪、保亭同安岭、东方耳吉岭等 5 个站址。除三亚羊林二期外，其余储备站址均不在负荷中心，主要集中在西部。至 2035 年，海南省抽水蓄能电站总规模约 300 万 kW。

综上，"十四五""十五五""十六五"期间，南方五省区规划新增抽水蓄能约 600 万 kW、1600 万 kW、1700 万 kW。至 2035 年，南方五省区抽水蓄能总容量约 4700 万 kW，见表 4-3。

表 4-3　　"十四五"及中长期南方五省区抽水蓄能规模　　单位：万 kW

区域	存量	"十四五"新增	"十五五"新增	"十六五"新增	合计新增	2035 年规模
广东	728	480	980	1000	2460	3188
广西	0	120	360	480	960	960
云南	0	0	0	0	0	0
贵州	0	0	120	120	240	240
海南	60	0	120	120	240	300
南方电网	788	600	1580	1720	3900	4688

4.2.3　电网侧新型储能发展展望

电网侧新型储能接受调度机构统一调管，可以发挥调峰、调频、缓解阻塞、电压支撑与无功控制、故障紧急备用等功能，实现高效消纳新能源发电、延缓输配电设备投资、提升系统运行的安全稳定性、为电网提供灵活控制资源等作用，具有显著的系统性、全局性效益。

电网侧新型储能选址规划的基本原则如下。

(1) 负荷密集接入地区。珠三角等地区负荷密集，电力供需形势紧张。在珠三角等负荷密集接入地区配置适当容量的电网侧新型储能，可有效缓解电力供需紧张形势，保障电力供应的安全稳定。

(2) 大规模新能源汇集地区。南方五省区"十四五"期间将新增新能源装机 1 亿 kW，但新能源出力的间歇性和波动性将会对电力系统安全稳定带来严峻挑战。在大规模新能源并网地区配置适当容量的电网侧新型储能，可有效消纳新能源，提升电力系统灵活性。

(3) 大容量直流馈入地区。珠三角部分地区直流线路落点密集，交直流相互影响、短路电流超标等问题十分严重，抵御大面积停电风险能力较弱。在广东电网内大容量直流馈入地区配置适当容量的电网侧新型储能，可有效提升系统抵御突发事件和故障后恢复能力。

(4) 海岛微电网、电网末端等电网薄弱地区。在海岛微电网、电网末端等调峰调频困难和电压支撑能力不足的电网薄弱地区可配置适当容量的电网侧新型储能，充分发挥其调峰、调频、调压、事故备用、黑启动等多种功能，提升电力系统灵活调节能力和安全稳定水平。

(5) 负荷中心容载比过小且扩建成本较高的变电站站内或附近。按照电网规划技术原则，500kV 变电站容载比应控制在 1.4～1.6，220kV 变电站容载比应控制在 1.6～1.9，110kV 变电站容载比应控制在 1.8～2.4。变电站容载比过大，电网整体利用效率偏低，投资有效性较差；容载比过小，电网适应性降低，运行风险增大。若容载比过小的变电站无扩建空间或扩建成本较高，可考虑配套变电站建设一定规模的电网侧新型储能，提高变电站容载比，延缓输变电设备投资，保障系统稳定运行。

4.3 小结

构建新型电力系统的核心是新能源成为主体电源后如何实现和保障不同时间、空间尺度的电力电量平衡，其关键在于统筹发展不同功能定位的储能，满足新型电力系统调节需要。在南方电网公司的大力支持下，"十四五"期间，南方五省区储能将实现跨越式发展。

（1）统筹发展不同功能定位的储能，满足新型电力系统调节需要

一是在不同时间尺度上统筹发展各类储能技术，以满足新型电力系统不同场景的调节需求。其中，长期储能主要为系统提供能量调节能力，主要用于季节性调峰、长期需求响应等场景；短时储能主要为系统提供功率调节能力，主要用于日内调峰、缓解输变电阻塞、应急备用等场景；超短时储能则普遍用于一次调频、提高电能质量、平滑清洁能源出力等场景。

二是在源网荷三侧的空间尺度上，结合新型电力系统调节需要，统筹协同推进储能发展多元化的应用场景，实现源网荷储协调运行。其中，电源侧注重新能源协同优化发展，保障新能源高效消纳利用，提升外送通道利用率和通道可再生能源电量占比；电网侧注重运用电化学储能的调频、调压、顶峰、事故备用、黑启动等功能，延缓或替代输变电设备升级改造投资，提升电力系统安全稳定水平；负荷侧注重满足多元化精细化定制化用能需求，提升重要负荷应急保障能力，培育扩大能源消费新模式新业态。

三是结合不同储能的调节性能，统筹发展各类储能技术，满足不同场景的调节需求。其中，电化学储能具有精准控制、快速响应、布局灵活的特点，持续放电时间为分至小时级，充放电转换相对灵活，可快速吸收、释放功率，能够有效支撑节点电压、平抑系统频率波动，将不稳定的新能源出力转化为稳定可靠的电力供应，适用于超短周期（毫秒至秒级）和短周期（分至小时级）调频调压场景，解决新能源波动性问题，在频率控制、改善电能质量、可再生能源消纳等方面发挥重要作用；抽水蓄能具有大规模能量吞吐能力，放电时间为小时级及以上，具有长时间尺度（日内和多日）的电网调峰及电力平衡能力，主要解决新能源间歇性问题，在提升系统调峰能力、系统安全性和特殊天气场景下电力供应保障能力等方面作用明显。

(2) 在南方电网公司的大力支持下，"十四五"期间，南方五省区储能将实现跨越式发展

在抽水蓄能方面，"十四五"期间南方五省区将建成投产广东梅蓄、阳蓄、肇庆浪江、惠州中洞，广西南宁共 5 座抽水蓄能电站，到 2025 年，全网抽水蓄能装机达到 1388 万 kW，其中广东 1208 万 kW、广西 120 万 kW、海南 60 万 kW。

在新型储能方面，南方电网公司提出将推动新能源按 20% 比例配套建设新型储能，到 2025 年，全网新型储能装机达到 2054 万 kW。其中，在电源侧，若根据国家及南方五省区政府出台的新能源配置储能的相关比例规定进行测算，"十四五"期间南方五省区电源侧新型储能需求规模预计将超过 1600 万 kW；在电网侧，可考虑在负荷密集接入地区，大规模新能源汇集地区，大容量直流馈入地区，海岛微电网、电网末端等电网薄弱地区，负荷中心容载比过小且扩建成本较高的变电站站内或附近等位置，建设一定规模的电网侧新型储能电站，发挥新型储能调峰、调频、缓解阻塞、电压支撑与无功控制、故障紧急备用等功能，实现高效消纳新能源发电、延缓输配电设备投资、提升系统运行的安全稳定性、为电网提供灵活控制资源等作用。

第 5 章

储能关键技术发展

5.1 抽水蓄能

5.1.1 发展现状

抽水蓄能具有大规模能量吞吐能力，放电时间为小时级及以上，具有长时间尺度（日内和多日）的电网调峰及电力平衡能力，是当前大规模储能的主流技术。抽水蓄能可以解决新能源间歇性问题，在提升系统调峰能力、系统安全性和特殊天气场景下电力供应保障能力等方面作用明显。

抽水蓄能电站可将电网负荷低时的多余电能，转变为电网高峰时期的高价值电能，还适于调频、调相，稳定电力系统的频率和电压，且宜为事故备用，还可提高系统中火电站和核电站的效率。表 5-1 为抽水蓄能主要性能参数。

表 5-1　　　　　抽水蓄能主要性能参数

序号	性 能 指 标	性 能 参 数
1	能量密度	0.5～2Wh/L
2	功率密度	0.1～0.3W/L
3	响应速度	分级
4	充放电效率	65%～80%
5	安全性	高
6	投资成本	500～2000 元/kWh
7	循环次数	>10 000 次
8	建设环境制约影响度	高

从表 5-1 可看出，抽水蓄能电站具有寿命长、单位投资小的特点，可为电网提供调峰、填谷、调频、事故备用等服务。从安全性方面来看，抽水蓄能技术是目前最成熟、应用最广泛的大规模储能技术，其安全可靠性较高，同时具有储能规模大、寿命长且利于节能减排等优势，是目前较为经济的储能电源。从建设环境制约影响度方面来看，抽水蓄能存在对地理地形条

件要求严格，对地质土壤形成一定的安全隐患等问题，都对未来抽水蓄能的规模化发展形成阻碍，抽水蓄能电站在选址时需要考虑的因素包括地理位置（是否靠近供电电源和负荷中心）、地形条件（上下水库落差、距离等）、地质条件（岩体强度、渗透特性等）、水源条件（同水源距离等）、环境影响（淹没损失、生态修复等）等，同时建造两个大型水库会淹没大面积的植被甚至城市，造成生态破坏和移民问题。

2021年全国共建设投产了敦化、荒沟、周宁、沂蒙、长龙山、梅州、阳江、丰宁8座抽水蓄能电站。敦化蓄能电站在国内首次实现700m级超高水头、高转速、大容量抽水蓄能机组的完全自主研发、设计和制造，成功建设严寒地区抽水蓄能电站首个沥青混凝土心墙堆石坝；长龙山蓄能电站最大发电水头（756m）、机组额定转速（5号6号机组600r/min）、高压钢岔管HD值（4800m×m）均为世界第一；黑龙江荒沟电站填补国内空白的技术创新成果——"分数极路比"绕组技术；沂蒙电站1号、2号机组投产发电，是首例高转速"零配重"抽水蓄能机组；梅州抽水蓄能电站在机组施工过程中通过安装调试措施优化，创造了从项目开工至首台机投产仅用时41个月的国内抽水蓄能建设工期新纪录，机组运行稳定性在国内首次实现了三导轴。

我国大型抽水蓄能电站工程建设技术取得了长足进步。大型抽水蓄能电站地下洞室群、水力系统快速机械化施工技术成熟应用，国产盾构机在2020年首次实现在抽水蓄能电站成功应用后，到2021年底已在8个抽水蓄能项目推广应用。

超高水头、超大容量抽水蓄能机组设计制造安装技术取得新突破，国内单机容量最大（400MW）700m级水头的阳江抽水蓄能机组攻克了长短转轮叶片与导叶匹配技术、双鸽尾结构磁极技术、磁轭通风沟锻件整体铣槽工艺、磁轭鸽尾槽预装后整体铣槽工艺等新型制造和安装技术，机组稳定性指标优越，达到国际领先水平。

抽水蓄能电动发电机技术取得新突破，分数极路比绕组技术在国内首次成功应用于黑龙江荒沟抽水蓄能电站，与常规绕组方式相比，可优化电站电气系统配置，改善发电电动机性能，定子绕组布局合理，提高定子线棒刚强度，机组安装与维护更方便。

我国首座可变速抽水蓄能实证平台成功运行。2021年5月，武汉大学牵头研发的我国首座可变速抽水蓄能实证平台成功运行，该实证平台将为我国首批可变速抽水蓄能电站的设计、建设、运行提供基础性的支撑。

5.1.2 发展展望

常规抽水蓄能电站站址资源有限，开发规模受限，难以满足以新能源为主体的新型电力系统运行要求。混合式抽水蓄能、海水抽水蓄能以及中小型抽水蓄能电站为抽水蓄能的发展提供新思路。

混合式抽水蓄能是结合常规水电站建设的抽水蓄能电站，分为常规混合式和梯级混合式两种。常规混合式抽水蓄能是利用常规水电站水库做上水库或下水库，修建一个下水库或上水库，同时增建可逆机组或抽水泵而建成的抽水蓄能电站。梯级混合式抽水蓄能是利用同一流域的两座梯级水电站，通过增建可逆机组或抽水泵而建成的抽水蓄能电站。与新建抽水蓄能电站相比，将常规水电站改建成混合式抽水蓄电站，具有投资小、建设快、水库淹没环境影响小等优点。

海水抽水蓄能与传统抽水蓄能电站相比，具有选址方便、不需建设下库、水量充足、水位变化幅度小、有利于水泵水轮机稳定运行等优势；同时海水抽水蓄能电站可以建在火电、核电、海上风电等大型电源点附近或电力需求相对较大的沿海负荷中心附近，降低了输电成本。也可以建在远离能源基地、淡水资源匮乏的沿海地区和岛屿上，有利于电力系统灵活调峰，对于能源结构的优化调整具有重要作用。我国拥有广阔的海岸线，海水资源丰富，开发和利用海水资源是目前很重要的任务之一。2022年3月，工业和信息化部产业发展促进中心组织召开国家重点研发计划"海水抽水蓄能电站前瞻技术研究"项目综合绩效评价会议。该项目由南方电网公司牵头，围绕电站防护、机组研发、电网应用三个方面开展研究，研发了耐海水环境下电站防污、防腐、防渗材料涂层，研制并动模验证国内首个兆瓦可变速交流励磁发电电动机样机，搭建出国内首套 100MW 级海水抽水蓄能机组与可再生能源联合运行系统硬件在环仿真平台，形成了可支撑海水抽水蓄能电站建设运营的成套关键技术方案。项目研究成果填补了国内海水抽水蓄能电站建设技术空白，未来将加速我国海水抽水蓄能电站建设，助力我国新型电力系统构建，促进国家海洋经济发展。

中小型抽水蓄能是中型和小型抽水蓄能电站的统称，即水库总库容 1 亿立方米以下且装机容量 30 万 kW 以下的抽水蓄能电站。中小型抽水蓄能电站通常水工建筑物等级低、枢纽布置比较简单，建设工程量小，建设工期较短，建设中小型抽水蓄能电站技术难度较低，具有较好的技术经济性。电站平均效率接近 80％，远高于已投运的储能电站实际转换效率。考虑储能设施回收和运行寿命等因素，建设条件较好的中小型抽水蓄能电站相对同等规模其他储能形式更具有市场竞争力。在电网互联薄弱、新能源富集等区域，中小抽水蓄能电站、小微抽水蓄能电站按照因地制宜的原则积极发展，将形成对大型抽水蓄能的有益补充。

5.2 电化学储能

5.2.1 发展现状

电化学储能具有精准控制、快速响应、布局灵活的特点，持续放电时间为分至小时级，充放电转换相对灵活，可快速吸收、释放功率，能够有效支撑节点电压、平抑系统频率波动，将不稳定的新能源出力转化为稳定可靠的电力供应，适用于超短周期（毫秒至秒级）和短周期（分至小时级）调频调压场景。电化学储能主要解决新能源波动性问题，在频率控制、改善电能质量、可再生能源消纳等方面发挥重要作用。

（一）锂离子电池

锂离子电池是比能量最高的一类电化学储能技术，在电力系统中应用较多的锂离子电池主要包括磷酸铁锂电池、钛酸锂电池和镍钴锰酸锂电池（三元锂电池）。其中，磷酸铁锂电池具有稳定性高、安全性好、循环寿命长等优点，是目前国内最热门的动力电池技术之一，也是电力储能系统的热门技术及应用最多的锂电技术；钛酸锂电池虽然目前的成本较高，但因安全性高、循环寿命长、倍率高等优点，有可能成为未来锂离子电池发展的方向；镍钴锰酸锂电池的能量密度和功率密度均较高，在车用动力电池领域应用较多，近年来在调频辅助服务领域等功率型应用领域中的项目也比较多。锂离子电池主要性能参数如表5-2所示。

表5-2　　　　　　　　锂离子电池主要性能参数

序号	性能指标	性 能 参 数		
		磷酸铁锂电池	镍钴锰酸电池	钛酸铁锂电池
1	能量密度（Wh/kg）	180	240	80
2	功率密度（W/kg）	1500～2000	3000	3000
3	响应速度	毫秒级	毫秒级	毫秒级
4	充放电效率（%）	85～95	≥95	≥95
5	工作温度范围（℃）	-20～60	-20～60	-20～60
6	安全性	相对较高	相对较低	相对较高
7	单位造价（元/kWh）	1400	1600	4500
8	度电成本（元/kWh）	0.5～0.6	0.6～0.9	0.8～1.2
9	循环次数（次）	5000～10 000	3000～6000	≥10 000
10	建设环境制约影响度	低	低	低
11	自放电率（%/月）	1.5	2	2

注：1. 放电深度为80% DOD时的循环次数。
　　2. 投资成本指建设总成本，含PCS、BMS、升压变（大中型储能）、土建施工等，不含运维成本。中大型储能电站电池成本占比为50%～60%，分布式储能系统中电池成本占比约80%（因不含升压变，采用模块化集成设计等）。

从表5-2可看出，目前主要应用的三类锂离子电池中，响应速度都是毫秒级的，均可满足电网调频对响应速度快速的要求。在安全性方面，目前广泛应用的磷酸铁锂电池、钛酸锂电池和三元材料电池锂电由于使用的是有机电解液，相比铅酸电池和液流电池，有热失控及燃烧风险，目前报道的发生事故的储能电站采用的储能系统多为锂电储能系统，锂离子电池的安全性有待进一步提高。

（二）铅炭电池

铅炭电池是一种新型铅酸电池，既发挥了超级电容瞬间大容量充电的优点，也发挥了铅酸电池的比能量优势。铅炭电池将高比表面碳材料掺入铅负极中，发挥高比表面碳材料的高导电性和对铅基活性物质的分散性，提高铅活性物质的利用率，并能抑制硫酸铅结晶的长大。通过将碳材料加入负极板中，可发挥其超级电容的瞬间大容量充电的优点，在高倍率充放电期间起到缓冲器的作用，并有效地保护负极板，抑制"硫酸盐化"现象。

铅炭电池是铅酸电池的创新技术，相比铅酸电池有着诸多优势。一是充电快，提高 8 倍充电速度；二是放电功率提高了 3 倍；三是循环寿命提高到 6 倍；四是性价比高，循环使用寿命大幅提高；五是使用安全稳定，可广泛地应用在各种新能源及节能领域。

从整体经济性来看，当前铅炭电池单位造价水平约在 1500 元/kWh 左右，仍具有一定的下降空间。同时考虑到铅炭电池中铅金属的回收价值较高，约存在 35% 以上的残值回收率，在经济性占有一定的优势。

传统铅酸电池和以铅炭电池为代表的先进铅蓄电池的主要性能参数如表 5-3 所示。

表 5-3　　　　　　　　　铅蓄电池的主要性能参数

序号	性能指标	性能参数	
		传统铅酸电池	铅炭电池
1	能量密度（Wh/kg）	50~80	50~80
2	功率密度（W/kg）	<150	150~500
3	响应速度（ms）	<10	<10
4	充放电效率（%）	70~85	70~85
5	工作温度范围（℃）	-40~60	-40~60
6	安全性（kWh）	较高	较高
7	单位造价（元/kWh）	500~1000	800~1300
8	循环次数（次）	200~800	1000~3000
9	建设环境制约影响度	低	低
10	自放电率（%/月）	1	1

（三）全钒液流电池

全钒液流电池的寿命长，循环次数可达 10 000 次以上，但能量密度和功率密度与其他电池相比要低，响应时间相对较慢，全钒液流电池主要性能参数如表 5-4 所示。

表 5-4　　　　全钒液流电池主要性能参数

序号	性 能 指 标	性 能 参 数
1	能量密度（Wh/kg）	12～25
2	功率密度（W/kg）	10～40
3	响应速度	百毫秒级
4	充放电效率（%）	75～85
5	工作温度范围（℃）	10～40
6	安全性	较高
7	投资成本（元/kWh）	2500～3900
8	循环次数（次）	5000～10 000
9	建设环境制约影响度	低
10	自放电率	低

注　全钒液流电池为 5h 系统。

从表 5-4 可看出，全钒液流电池虽然能量密度和功率密度都较低，响应速度相对较慢，达到百毫秒级，但仍远快于常规调节电源，作为储能电源可应用在电厂（电站）调峰、大规模光电转换、风能发电的储能电源、边远地区的储能系统、不间断电源或应急电源系统。相比锂离子电池和铅蓄电池，液流电池的成本较高，目前应用占比较低。从安全性方面，液流电池和通常以固体做电极的普通蓄电池不同，液流电池的活性物质是具有流动性的液体电解质溶液，不易燃烧，安全性较高。从建设环境制约影响度方面，主要材料钒的价格相对便宜，并且我国属于钒矿资源丰富的国家，储量占全球储量的 35%，产量占全球产量的 48%；同时全钒液流电池生产工艺简单，是目前经济性较好的储能电池；同时全钒液流电池在制造、使用及废弃过程均不产生有害物质，环境污染较小。

（四）钠离子电池

钠离子电池与锂离子电池具有相似的电化学反应机制。钠离子电池结构和原理与锂离子电池基本相同，也遵循脱嵌式的工作原理，正负极选用具有不同电势的钠离子嵌入化合物，电解液选用钠盐的有机电解液。在充电过程中，钠离子从正极脱出经过电解液嵌入负极，同时电子经过外电路流入负极以保持电荷平衡。放电过程正好相反，钠离子由负极脱出嵌入正极，电子经外电路流入正极。

目前常见的钠离子电池主要有钠硫电池、水系钠离子电池、有机钠离子电池和固态钠离子电池。不同类型的钠离子电池在性能特点、材料体系上有着较大的区别（表5-5）。

表5-5　　　　　常见的钠离子电池类型

类型	材料	优点	缺点
钠硫电池	金属钠作为负极；非金属硫作为正极；β-Al_2O_3陶瓷管同时充当电解质和隔膜	大容量和高能量密度，理论能量密度高达760Wh/kg，实际能量密度已高于300Wh/kg；放电效率可达100%；放电电流密度200~300mA/cm^2，无污染、无振动、噪声低	只有在320℃左右下才能正常运行；陶瓷管破裂短路会造成剧烈放热反应，瞬间产能2000℃高温；温控系统直接影响钠硫电池工作状态和寿命
水系钠离子电池	正极材料包括过渡金属氧化物、聚阴离子化合物、普鲁士蓝类似物和有机电极材料；负极材料包括活性炭、普通氧化物和钛磷基氧化物；电解质为水溶液电解质（水溶剂+钠盐）	离子导电率高；水溶液电解液代替有机电解液；不易燃、不易爆和不易腐蚀；生产工艺简单	电化学窗口窄，水系钠离子电池的电压通常为1.5V，最高一般不超过2V；正负极材料开发难度大，许多高电位的嵌钠正极材料和低电位的嵌钠负极材料都不适合用于水系钠离子电池
有机钠离子电池	正极材料包括过渡金属氧化物、聚阴离子类材料、普鲁士蓝类大框架化合物、有机化合物和非晶化合物；负极材料包括碳、金属或非金属单质、金属化合物和磷酸盐等；电解质由钠盐溶于有机溶剂中得到	与锂离子电池具有相似的电化学反应机理；资源丰富、价格低廉、环境友好	由于采用有机电解液，存在短路、燃烧、爆炸等安全隐患
固态钠离子电池	正、负极材料与有机钠离子电池的材料是通用的，主要改进点在于电解质，有固体聚合物电解质、无机固态复合电解质、凝胶态聚合物电解质三种	无漏液、燃烧等安全隐患，具有较高的安全性	目前固态电解质中离子的扩散相对困难，导致电导率较低

钠离子电池的优势主要有以下几点。

1. 钠元素资源丰富且全球分布均匀，价格低廉且稳定，无发展瓶颈

锂元素在地壳中的含量只有0.006 5%，且资源分布不均匀，70%的锂分布在南美洲地区。如果按照锂电池现在的发展速度，暂不考虑回收，锂电池的应用将很快受到锂资源的严重限制。随着锂离子电池的快速应用，其生产制造达到了空前规模，并且各大锂电池生产商都在不断地扩大其产能，这导致2021年以来锂资源需求紧张，价格大幅上涨。而钠资源非常丰富，其在地壳中的丰度位于第6位，且钠分布于全球各地，完全不受资源和地域的限制，因此钠离子电池相比锂离子电池有非常大的资源优势。

2. 钠离子电池的材料成本比锂离子电池低30%～40%

由于钠易获取且价格低廉，所以钠离子电池也具有很大的潜在价格优势。锂离子电池和钠离子电池的电极原材料可以分别由碳酸锂（Li_2CO_3）和碳酸钠（Na_2CO_3）的前驱体合成，而碳酸钠价格具有明显优势。此外，钠电池的负极集流体可以使用铝箔而非锂电池需要使用的石墨或者铜箔，进一步降低了钠离子电池的成本。据测算，钠离子电池的材料成本比磷酸铁锂电池低30%～40%。

3. 钠离子电池在低温及安全性能等方面有优势

随着研究的不断深入，钠离子电池性能方面的潜在优势也被不断发掘。

1) 高低温性能：钠离子电池的高低温性能远超磷酸铁锂电池。钠离子电池可以在-40℃～80℃的温度区间正常工作，在-20℃的环境下，仍然有90%以上的容量保持率，高低温性能优异，而磷酸铁锂电池低温下的容量保持率仅60%～70%。

2) 能量密度：钠离子电池能量密度虽略低于磷酸铁锂电池，但提升空间较大。钠离子电池能量密度当前可达到160Wh/kg，而磷酸铁锂电池能量密度为150～220Wh/kg，虽然钠离子电池能量密度略低于磷酸铁锂电池，但是宁德时代下一代钠离子电池能量密度将达到200Wh/kg，基本和磷酸铁

锂电池能量密度相当。

3）快充性能：钠离子电池快充性能优异。钠离子电池具有较好的倍率性能，能够适应响应型储能和规模供电。钠离子电池在常温下充电 15min，电量就可达到 80%，而传统的磷酸铁锂电池由于导电性较差，快充容易发热，影响电池寿命，在快充性能上表现不佳。钠离子电池优异的快充性能将扩大其下游应用场景。

4）安全性：钠离子电池安全性优异。钠离子电池的内阻比锂离子电池高，在短路的情况下瞬时发热量少，温升较低，热失控温度高于锂电池，具备更高的安全性。因此在过充过放、短路、针刺、挤压等测试中，钠离子电池表现出不起火、不爆炸的优异安全性。

钠离子电池在高低温下性能优异以及高安全性，为其在储能和动力电池领域的大规模应用奠定了良好的基础。目前，钠离子电池循环次数可达到 3000～4500 次，略低于磷酸铁锂电池的 6000 次左右。能量密度和循环次数是钠离子电池未来进一步发展亟需攻克的技术瓶颈，见图 5-1。

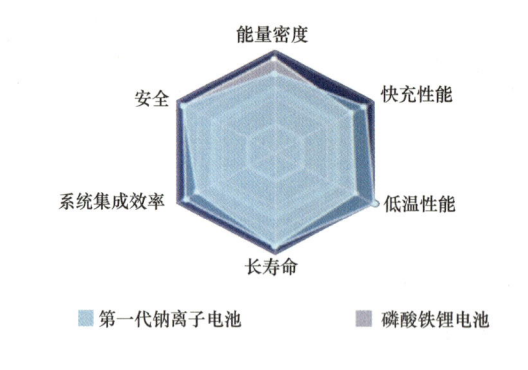

图 5-1　钠离子电池与磷酸铁锂电池性能对比[1]

从目前全球钠离子电池产业化的进程来看，目前尚处于导入期，我国处于领先地位。目前，国内外已有超过 20 家企业正在进行钠离子电池产业化的相关布局，并取得了重要进展，主要包括英国 FARADION，法国 NAIADES，美国 Natron Energy，日本岸田化学、丰田、松下、三菱化学，以及

---

[1] 来源：中科海钠公司官网。

我国的宁德时代、北京中科海钠、浙江钠创新能源、辽宁星空钠电等。

宁德时代走在钠离子电池领域的前端。电芯能量密度方面，宁德时代发布的第一代钠离子电池明显优于钠离子电池的平均水平，电芯能量密度达到 160Wh/kg，已进入磷酸铁锂电池能量密度范围，且第二代电池将达到 200Wh/kg，届时钠离子电池能量密度短板将被大大弥补。循环次数方面，宁德时代创新性的对克容量较高的普鲁士白材料体相结构进行电荷重排，解决了普鲁士白在循环过程中容量快速衰减的难题，循环次数可达 3000 次以上。此外，宁德时代的钠离子电池在快充方面优势显著，常温下 15min 快充可达 80％电量。

目前钠离子电池已被初步应用于储能和低速动力领域，逐步实现对铅酸电池的替代。随着宁德时代第一代钠离子电池以及其系统解决方案的推出，钠离子电池有望实现大规模产业化，进一步拓展应用场景，对于目前铅酸电池和部分磷酸铁锂电池占据的应用领域将会有一定的替代效应，如电动两轮车、低速四轮车、储能电站、5G 通信基站等。

5.2.2 发展展望

近年来，各类新型储能技术快速发展。**锂离子电池在电化学储能技术中的竞争优势逐步扩大**。受电动汽车及储能产业推动，以锂离子电池为主要代表的电化学储能技术在电池寿命、系统成本及效率等方面进步显著。其中，最具代表性的磷酸铁锂电池、铅炭电池的循环寿命分别达到 3500～4000 次（100％充放电深度）、3700～4200 次（70％充放电深度），与之对应的度电成本分别为 0.4～0.9 元/kWh、0.68～0.71 元/kWh。电化学储能配置灵活，适用场景覆盖源网荷侧，极其多元化。电化学储能技术特性方面，受产业规模、系统成本、能量及功率特性、服役特性、可回收性等综合影响，锂离子电池（磷酸铁锂和三元锂电池）优势突出，铅炭电池、全钒液流电池及梯次利用锂电池特定场景下具备竞争力。

锂离子储能技术经济性能仍有较大提升空间。根据国家科技部 2021

年2月发布《关于对"十四五"国家重点研发计划"氢能技术"等18个重点专项2021年度项目申报指南征求意见的通知》，吉瓦时级锂离子电池储能系统技术，循环寿命不小于15 000次，预期服役寿命不小于25年，锂离子电池储能系统输出规模不小于1GWh，等效度电成本不大于0.1元/kWh；兆瓦时级本质安全固态锂离子储能电池技术，电池单体循环寿命不小于15 000次，单体成本不大于0.35元/kWh；研制10MWh级固态储能锂离子电池系统，系统循环性不小于12 000次，等效度电成本不大于0.2元/kWh，各级锂离子电池系统度电成本均远远低于当前的成本，锂离子储能技术经济性能仍有较大提升空间。

在电网储能应用方面，钠离子电池有望对锂离子电池储能形成一定的替代与互补支撑。国内方面，2019年3月29日，世界首座100kWh钠离子电池储能电站在中国成功运行，标志着我国已处于钠离子电池储能电站研发与应用的领先地位；2021年6月28日，中科院物理所与中科海钠研发的全球首套1MWh钠离子电池光储充智能微网系统在山西太原成功投入运行。国外方面，英国FARADION公司在2020年向澳大利亚ICM公司提供了应用与储能的钠离子电池产品。随着钠离子电池技术的快速发展与规模化应用，钠离子电池有望在未来储能市场中占据一席之地。

5.3 其他类型储能

5.3.1 压缩空气储能

近年来，国内外学者开展的压缩空气储能技术研发工作主要包括绝热压缩空气储能、蓄热式压缩空气储能及等温压缩空气储能（不使用燃料）、液态空气储能（不使用大型储气洞穴）、超临界压缩空气储能和先进压缩空气储能（不使用大型储气洞穴、不使用燃料）等（表5-6）。目前压缩空气储能效率在27%～70%，主要应用于长时储能场景。

表 5-6　　　　　　　　　　　压缩空气储能技术类型

压缩空气储能技术类型	主 要 特 点
绝热压缩空气储能系统	该系统在储能时，通过压缩机将空气压缩至高温高压状态后储存在储罐中。释能时，将高压空气释放，利用储存的压缩热使空气升温，然后推动膨胀机做功发电。该系统回收压缩热再利用，使效率得到了提高，同时去除了燃烧室，实现了零排放，但压缩过程能耗较高，由于压缩机出口的空气温度高，对设备材料要求高
蓄热式压缩空气储能系统	该系统同绝热压缩空气储能系统的区别在于该系统在压缩过程级间换热及储热，绝热压缩空气储能则在全部压缩过程结束后储热。相较于绝热压缩空气储能，蓄热式压缩空气储能系统的储热温度及储能密度较低，但其压缩机耗能减小，且对于压缩机材料要求不高。该系统缺点在于增加了多级换热及储热，系统初投资有所增加
等温压缩空气储能系统	该系统采用一定措施（如活塞、喷淋、底部注气等），通过比热容大的液体（水或油）提供近似恒定的温度环境，增大气液接触面积及接触时间，使空气在压缩和膨胀过程中无限接近于等温过程，将热损失降到最低，从而提高系统效率。此外，该系统不需要补燃，摆脱了对化石燃料的依赖，但未摆脱对大型储气洞穴的依赖
液态空气储能系统	该系统是将电能转化为液态空气的内能以实现能量存储的技术。储能时，系统驱动空气分离及液化装置，产生液化空气，储存于低温储罐中；释能时，将低温储罐中液态空气加压吸热，随后驱动透平发电。由于空气的液化存储，大幅减少存储装置尺寸，从而不需要大型储气室
超临界压缩空气储能	中国科学院工程热物理研究所于 2009 年在国际上原创性地提出先进超临界压缩空气储能技术，可以同时解决传统压缩空气储能系统的三大技术瓶颈。其工作原理是：储能时，系统利用电力驱动压缩机将空气压缩到超临界状态，在回收压缩热后利用存储的冷能将其冷却液化，并储于低温储罐中；释能时，液态空气加压回收冷量达到超临界状态，并进一步吸收压缩热后通过透平膨胀机驱动电机发电。该系统利用液态空气存储提高储能密度，解决了对大型储气室的依赖；利用压缩热回收解决了对化石燃料的依赖，并进一步提高了系统效率

　　压缩空气储能的关键技术主要包括压缩机技术、蓄热换热器技术、膨胀机技术、系统集成与控制技术等四方面技术。2021 年，中国科学院工程热物理研究所依托国家能源大规模物理储能研发中心建成了压缩机实验与检测平台，测试平台系统压力测量范围 0.5～110bar（1bar＝0.1MPa），转速测量范围 0～40 000r/min，功率测量范围 0～10MW，具有开展单/多级压缩

机气体动力学、力学性能、压缩机与换热设备的耦合特性、压缩系统变工况控制规律、压缩系统性能检测以及特殊工质压缩机性能等功能。依托该实验平台，中国科学院工程热物理研究所研制了 10MW 先进压缩空气储能系统用 10MW 级六级间冷离心式压缩机（最大工作压力 10MPa，效率为 86.3%）、10MW 级四级再热组合式透平膨胀级（最大入口压力为 7MPa，效率为 88.2%）、高效超临界蓄热换热器（蓄热量达 68GJ，蓄热效率为 97.3%），并应用于肥城 10MW 盐穴压缩空气储能商业电站。中国科学院工程热物理研究所还攻克了 100MW 级先进压缩空气储能系统的宽工况组合式压缩机技术、高负荷轴流式膨胀机技术、高效蓄热换热器技术，以及系统集成与控制技术，研制出国际首套 100MW 系统压缩机、膨胀机和蓄热换热器，目前正在开展张家口示范系统的集成调试。2022 年 5 月 26 日我国实现首个深度大约有 1000 米盐穴压缩空气储能电站在江苏金坛成功并网投运，每个周期可存储达 30 万度电能。

5.3.2 氢储能

氢能产业链大致由上游制氢、中游氢储运、下游氢利用三部分组成。通过使用化石燃料、可再生能源发电等手段制取的氢能被输送到氢储能系统，再经过分配与传输，将氢能送达至下游各消费端，最终被生产生活行为利用，实现氢能的全产业链。结合氢能产业链的主要环节，本节重点阐述氢能关键技术中的电解水制氢技术、氢气储运技术、氢气发电技术及氢储能技术。

（一）电解水制氢技术

电解水制氢技术路线主要分为碱性水电解（ALK）、质子交换膜水电解（PEM）以及固体氧化物水电解（SOEC）技术。

碱性水电解技术是一种非常成熟的低温水电解技术，已经实现工业化，相关产业配套设施齐全，当前占市场绝对主导地位。通常，ALK 水电解能耗在 4.5～5.5kWh/Nm^{3}H$_2$，效率通常在 60% 左右。**国内碱性水电解技术**

的成熟性、商业化程度较高，当前大型可再生能源电解水示范项目主要以碱性水电解技术为主。代表性项目有我国首个风电制氢应用项目"河北建投沽源风电制氢综合利用示范项目"、我国首个光伏制氢示范项目"液态太阳能燃料合成——二氧化碳加氢合成甲醇技术开发"等。

质子交换膜水电解技术是一种处于产业化发展初期的低温水电解技术。与碱性液体水电解相比，质子交换膜水电解启停速度快，能适应宽范围输入功率波动，同时具有能源利用效率高、无碱性液体产气压力更高等优点，但制氢成本较高。通常，质子交换膜水电解能耗在 4.0~5.0kWh/Nm³H₂，效率可达到 70% 以上。**国外质子交换膜水电解技术的商业化程度领先于国内，当前电解水新建项目、产品大都基于质子交换膜水电解技术开展**。过去数年，欧盟、美国、日本企业纷纷推出了质子交换膜电解水制氢产品，相继将质子交换膜电解槽规格提高到兆瓦级。

固体氧化物水电解技术是一种尚处于初期示范阶段的高温水电解技术。高温电解是效率最高的电解技术，但高温运行同时会造成电解池的系统材料性能严重衰减，从而制约电解池的长时间运行稳定。

水电解技术的关键参数对比详见表 5-7。

表 5-7　　　　　　　　水电解技术的关键参数对比

项目	碱水电解（ALK）	质子交换膜纯水电解（PEM）	固体氧化物水电解（SOEC）
电解质隔膜	30%KOH & 石棉布	质子交换膜	固体氧化物
电流密度（A/cm²）	<1	1~4	0.2~0.4
电耗（kWh/Nm³H）	4.5~5.5	4.0~5.0	—
工作温度（℃）	≤90	≤80	≥800
产氢纯度（%）	≥99.8	≥99.99	—
设备体积	1	约 1/3	—
操作特征	需控制压差 产气需脱碱	快速启停 仅水蒸气	启停不便 仅水蒸气
可维护性	强碱腐蚀性强	无腐蚀性介质	—
环保性	石棉膜有危害	无污染	—

续表

项目	碱水电解（ALK）	质子交换膜纯水电解（PEM）	固体氧化物水电解（SOEC）
商业特点	技术成熟，商业化程度高，投资少	产业化初期，投资高	初期示范
单机规模（Nm^3H_2/h）	≤1000	≤200	—

资料来源：根据公开资料整理。

预计在较长时间内，碱性电解水制氢仍是主要的电解水制氢手段。碱性电解水制氢技术成熟，配套成本低，但耗电量高于其他技术路线；**质子交换膜电解水制氢**在耗电量和产氢纯度方面都占优，且能适应宽范围输入功率波动，能够很好地与具有快速波动性的可再生能源配合，**是未来可再生能源制氢项目的理想选择**。但由于质子交换膜等核心部件依赖进口，电解槽成本昂贵，目前总体成本比碱性电解水制氢（22.9~27.7元/kg）高40%左右。

（二）氢气储运技术

氢气储运技术主要包括气态储运氢技术、低温液态储运氢技术、固态储运氢技术和化学储运氢技术等。其中，气态储运氢技术又分为高压气态储运氢技术、管道输氢技术和地下储氢技术三大类；化学储运氢技术包括有机液体储运氢和液氨储运氢两类。

（1）气态储运氢技术

高压气态储氢是目前最常用并且比较成熟的储氢方式，其储存方式是采用高压将氢气压缩到耐高压的容器里。

高压氢气运输方面，长管拖车运氢是目前我国氢气运输的主要方式，其储存压力为20MPa。氢气长管拖车仅适用于少量短距离运输，运输半径一般不超过150km。**车载高压氢气运输方面**，国外车载高压储氢系统主要采用**70MPa Ⅳ型瓶**，国内以**35MPa Ⅲ型瓶**为主。管道输氢技术适用于大规模、长距离输送氢气，是成本最低的输氢方式。其中，**天然气掺氢技术**是向天然气中掺入一定比例的氢气，是利用现有成熟的天然气网络实现氢气规模运输的消纳的重要途径。相较于天然气掺氢，**纯氢管道输送**则具有输氢量大、能耗小和成本低等优势，是实现氢气高密度、长距离运输的重要方式。目前全球共有4542km的氢气管道，其中美国有2608km的输氢管道，欧洲有1598km的输氢管道，而国内目前氢气管道里程只有约400km。目前日本天然气管网主要连接LNG接收站和消费区域，基本覆盖了东京、大阪等能源消费密集区域，只需对现有管道进行改造即可用于氢气运输。**地下储氢技术是大规模季节性储氢的最佳选项**。目前最为成熟的技术是盐穴储氢，与盐穴相比，枯竭气田体积更大，分布更广，在未来可能提供更合适的长期储气方案，但受制于当地的盐穴、气田等资源情况。全球已经建成3座地下盐穴储氢库，其中有2座位于美国得克萨斯州克莱门茨盐丘。而国内于2021年才建成首座地下储氢加氢站。

(2) 低温液态储运氢技术

低温液态储运氢技术能够实现氢能的长距离、大规模运输，但过程中存在较高比例的能源损失。低温液态储运氢是将氢气冷却至-253℃，液化储存于低温绝热液氢罐中，但氢气液化过程会导致约30%的能源损耗，为了能够稳定地储存液态氢，还需要耐超低温和保持超低温的特殊容器。相比长管拖车运氢，液氢槽车运氢能力是它的十倍，更适合中长距离运输，运输半径大约在1000km❶。美国液氢技术已经非常成熟，液氢使用和存储都已经进入规模化应用阶段，并对我国在内的后发国家，进行了长达20年的技术封锁和部分禁运。这也让我国在该领域中的液化氢气装置核心设备依然依赖进口，主要应用于航天领域。2021年9月，我国才研发出第一套产量达到吨级的液化氢系统装置，并成功实现稳定生产，实测每日满负荷产量为2.3吨，仅占美国目前产量的0.7%。

(3) 固态储运氢技术

固态储运氢技术特别适合对体积要求较严格、对安全性能要求较高的场合，是电网氢储能最为理想的储氢方式，但技术尚未成熟，产业化应用尚需时日。固态储氢技术是以化学氢化物或纳米材料等为载体，通过化学吸附和

---

❶ 数据来自张家港氢云新能源研究院。

物理吸附方式实现氢存储。与高压气态储氢相比，固态储氢具有体积储氢密度高、压力低及安全性好等优点，但响应速度要比高压气态储氢慢。国内固态储氢尚处于小规模示范试验阶段，总体与国际保持同步，产业化应用尚需时日。

（4）化学储运氢技术

有机液体储运氢与液氨储运氢有可能发展为国际氢气贸易和远程氢气运输的重要方式。 有机液体储氢是利用不饱和有机物与氢气进行可逆加氢与脱氢反应，具有体积储氢密度大、常温常压下储运安全可靠且脱氢响应速度快、适合长距离运输等优点，但技术操作条件较为苛刻。液氨储氢技术是指将氢气与氮气反应生成液氨，具有设备投入成本低等优点。总的来说，国内两种化学储运氢技术均处于研发阶段。

各种储氢技术的对比详见表5-8。

表5-8　　　　　　　　　各种储氢技术对比

储氢技术	体积比容量	成本	操作简易性	安全性	运输便利性	技术成熟度
高压气态储氢	小	较低	简单	较差	方便	较成熟
低温液态储氢	大	很高	难	较差	较方便	不太成熟
固态储氢	大	很高[①]	复杂	安全	十分方便	不够成熟
化学储运氢技术	大	高	难	安全	十分方便	不够成熟

① 根据北京有色金属研究总院和浙江大学测算，固态氢储能系统的成本近期内在12 000元/kg以内；远期在8000元/kg以内。

资料来源：根据公开资料整理。

（三）氢气发电技术

氢气发电主要通过燃料电池和燃氢燃气轮机两种技术手段实现由氢能向电能的转化。

（1）氢燃料电池技术

燃料电池是实现氢气能源化应用的重要载体，也是目前氢能发电的首选技术。 燃料电池的种类包括质子交换膜燃料电池（PEMFC）、固态氧化物燃料电池（SOFC）、熔融碳酸盐燃料电池（MCFC）等。PEMFC 电池和 SOFC 电池技术发展相对成熟，并且商业化程度较高，在全球的出货量之和基本占据所有类型燃料电池的 90% 以上。

PEMFC 具有众多优点，其发电过程不涉及氢氧燃烧，因而不受卡诺循环的限制，能量转换率高（40%～50%）；发电时不产生污染，无噪声，发电可靠性高，组装维修方便，**主要应用于汽车交通领域、小型家用分布式发电、应急电源等。** 在能源使用成本方面，氢燃料电池乘用车一般百千米耗氢在 1kg 左右，氢气每千克按使用成本 40 元左右，百千米耗氢成本约在 40 元；一般燃油汽车百千米油耗为 7～10L，按目前 9 元一升的油价，则燃油汽车在正常情况下百千米花费为 60～90 元；电动车百千米电耗在 10～15kWh，即使电价按每度 1 元计算，百千米耗电成本仍 20 元以内。相比于电动汽车，氢燃料电池汽车仍不具备经济性；相比于传统燃油车，在高油价的时候，氢燃料电池汽车更具经济性。

SOFC 具备发电效率高（50%～60%）、余热品质高、适应性强等优点，应用前景广阔。SOFC 作为应急储能装置，相比于锂电池等储能装置，具有无污染、低噪声、质量轻、体积小、输出电能质量高、不间断供电能力等优点。**目前主要应用在便携式电源、电站、数据中心、通信基站、大型商用分布式发电等领域。**

美、日、韩等发达国家燃料电池分布式发电商业化走在前列。 其中，美国以 Bloom Energy 为代表，主要发展 SOFC 大型商用分布式发电，可以为用户提供 200kW～1MW 级的分布式供电方案；韩国的斗山集团 Fuel Cell 主要发展产品包括用于商业建筑和住宅用的 600W、1kW、5kW、10kW 功率的 PEMFC 燃料电池，以及用于工商业的 400kW 磷酸燃料电池（PAFC）产品，全球累计销售上百套产品，累计发电 20 亿 kWh。日本以松下和东芝为代表，主要发展 PEMFC 小型家用分布式发电，家用分布式发电系统安装量已超过 30 万套。

国内关于燃料电池分布式发电系统的应用总体还处于研究阶段。 中科院大连化物所研制出的 10kW PEMFC 分布式发电系统，实现了天然气重整 PEMFC 一体化热电联供。大型发电系统相关开发尚处于探索中，总体上还停留在小型样机的研发和示范阶段，2020 年 10 月，国家能源集团开发的国内首套 20kW 级 SOFC 发电系统试车成功。

(2) 燃氢燃气轮机技术

燃氢燃气轮机是氢气规模化利用的重要方向，也是氢能在电力领域的研究热点。 氢气可以替代部分天然气燃烧为终端用户提供热能和电能。对天然气气轮机来说，在不经过整改的情况下可以适应小于 5% 的掺氢比，经过整改和调整的燃气轮机可以适应 5%～10% 的掺氢比。

国外燃氢燃气轮机已经进入商业化初期阶段，纯氢燃气轮机正进入快速发展阶段，而国内燃氢燃气轮机尚属技术空白。 目前，美国以氢气/天然气混合物为燃料的大型涡轮机已经进入商业化运营阶段，并计划到 2030 年建成第一座燃氢发电厂，实现 100% 燃氢；日本的三菱、日立电力系统公司和川崎重工业公司研发的掺有 50% 以上氢气燃烧的煤气化联合循环（IGCC）涡轮机也逐步进入商业化生产，并承诺在 2030 年提供燃氢 100% 的燃气轮机。当前，国内在燃氢燃气轮机方面的研究几乎空白，相关研究起步较晚。

（四）氢储能技术

氢储能技术 是利用电力和氢能的互变性而发展起来的。利用电解制氢，将间歇波动、富余电能转化为氢能储存起来；在电力输出不足时，利用氢气通过燃料电池或燃氢燃气轮机等其他发电装置发电回馈至电网系统。

氢储能目前存在的问题是**效率较低、造价高、技术尚不成熟**。由于国内在燃氢燃气轮机方面的研究几乎空白，因此只能通过燃料电池这一技术手段实现氢发电。电解水制氢效率达 60%～75%，燃料电池发电效率为 50%～60%，单过程转换效率相对较高，但电－氢－电过程存在两次能量转换，整体效率较低，仅为 30% 左右，远低于抽水蓄能（75%）和电化学储能（90%）的效率。制氢设备的单位造价约 2000 元/kW，储氢和辅助系统造价为 2000 元/kW，燃料电池发电系统造价约 9000 元/kW，燃料电池的投资占到氢储能系统总投资的接近70%，整体单位造价也要高于抽水蓄能（5500～7000元/kW）和电化学储能（1200～1500元/kW）；且现阶段规模化燃料电池发电系统应用较少，技术成熟度、系统寿命有待验证。此外，受储氢技术限制，燃料电池发电功率大多数在kW级别，在发电方面难以发挥规模效应，很难肩负起大规模长周期储能的重担，若仅实现短周期调峰功能，则经济可行性远不如抽水蓄能和电化学储能。

实际上，面对几亿千瓦时的氢储能需求，如果采用当前最成熟的高压气态储存，氢的存储成本可能高达数亿元，所需巨量的存储设备要找到合适的空间存放也是一大难题。表5-9为不同类型调节电源技术经济性对比。

表5-9 不同类型调节电源技术经济性能对比

性能指标	氢储能	电化学储能	抽水蓄能
建设成本（元/kW）	约13 000	1200～1500	5500～7000
整体效率	30%左右	90%左右	75%左右
典型场景	大规模长周期储能	调频、抑制短时功率波动、日内调峰	日内调峰、周调节、保安电源

5.3.3 熔融盐储热

熔融盐储能技术是利用硝酸盐等原料作为传热介质，通过电能与熔盐热能的转换来存储或发出能量，一般与太阳能光热发电系统结合，使光热发电系统具备储能和夜间发电能力，满足电网调峰需要，具有很强的经济优势，已经在西班牙、意大利、美国等发达国家得到了初步商业化应用。

储热材料技术获得进一步发展。已实现1100℃的储热陶瓷颗粒材料、700℃氯化物熔盐储热材料、复合相变、定形相变和仿生相变储热材料、Co_3O_4/CoO等金属氧化物反应物体系和钙基热化学储热材料等。采用熔盐储热的50MW线性菲涅尔式太阳能热发电站和50MW熔盐塔式光热发电。

取得系统控制与优化技术发展。上海电气中央研究院基于所开发的熔点低、储热密度高的熔盐储热材料，自主开发了单/双罐熔盐储热系统，其充热/放热过程中均不需要通过熔盐泵将低温/高温熔盐泵出储热罐来实现充热/放热过程，罐内熔盐处于不流动状态，熔盐在储罐内直接被加热并储存，放热时将水或其他换热介质通入储换热一体设备与熔盐换热将热量释放。储换热一体式单罐熔盐储热系统无须管路电伴热系统，大大降低了系统的建造成本，提高了熔盐系统的安全性和稳定性，大大增加了产品竞争力，目前该产品已通过 CMA、CAL、CNAS 等认证，适用于蒸汽用量低于 10t/h 的应用场景，并分别在实验室及工程项目上得到了成功应用。

5.4 小结

在国家政策的大力支持下，我国储能关键技术不断取得突破。

在抽水蓄能方面，我国大型抽水蓄能电站工程建设技术取得了长足进步，超高水头、超大容量抽水蓄能机组设计制造安装技术，以及抽水蓄能电动发电机技术取得新突破。常规抽水蓄能电站站址资源有限，开发规模受限，混合式抽水蓄能、海水抽水蓄能以及中小型抽水蓄能电站为抽水蓄能的发展提供新思路。

在新型储能方面， 锂离子电池储能规模最大突破 110MW、效率达 85%、系统成本降至 1500 元/kWh，具备四象限运行、100ms 级响应能力；全钒液流电池储能投运规模单站最大达 10MW；压缩空气储能已经实现兆瓦级到百兆瓦级容量的示范验证，初步具备推广应用条件；基于长寿命、低成本、高安全性的钠离子电池、固态锂电池以及水体系二次电池和新体系液流电池技术以及飞轮、超级电容等储能技术正在积极开发。压缩空气储能、氢储能、熔融盐储热等技术也取得了一定的突破，开展了试点示范应用。高安全、低成本、高可靠、长寿命的新型储能本体技术和新型储能系统智能化运维技术是未来亟需攻关的关键技术。

第 6 章

相关建议

在实现"碳达峰""碳中和"目标和构建新型电力系统的背景下，储能可以为新型电力系统提供大量的调节能力，有效解决新能源出力与用电负荷时空不匹配的问题，显著增强系统灵活性，对于促进新能源高比例消纳、保障电力安全供应和提高新型电力系统运行效率具有重要作用，"十四五"期间我国储能行业将迎来重大发展机遇。

近年来从国家到地方政府层面均出台了与储能相关的多项政策，大力支持储能发展，涉及顶层规划、新能源配套、价格机制、安全管理等各个方面。在政策支持下，我国及南方五省区储能行业实现跨越式发展，储能装机规模高速增长，储能产业链不断成熟，各类储能技术攻关不断取得突破，逐步从试点示范实现商业化应用，"十四五"期间我国储能行业有望实现规模化、市场化、产业化发展。

在蓬勃发展的同时，我国储能行业仍存在诸多问题亟需解决，例如：新型储能技术经济性有待进一步成熟，储能成本疏导机制不完善、市场化体制机制不健全，抽水蓄能大规模发展面临建设周期、站址、环保等因素制约，电化学储能电站安全事故频发，相关安全标准亟需完善等。针对上述发展现状与问题，特提出如下建议。

（一）加强规划引领作用，推动储能规模化发展

强化顶层设计，突出规划引领作用，加强储能发展与能源电力相关规划的衔接，统筹储能产业上下游发展，推动储能的技术革新、产业升级、成本下降。针对各类应用场景，因地制宜多元化发展，优化储能建设布局，促进储能与电力系统各环节融合发展，支撑新型电力系统建设。

（二）推动储能多元化发展

柔性开放是新型电力系统的显著特征，新型电力系统将实现多元化源网荷开放接入。在电源侧，加快储能与新能源的协同优化发展；在电网侧，加快抽水蓄能电站建设、推进电网侧新型储能合理布局；在用户侧，研究储电与储热、储冷、储氢等各类型储能相结合发展，拓展新型储能与电动汽车、数据中心、5G基站等新型用电终端相结合的多元化应用场景，

实现在新能源高效利用目标下，以电能为核心的多能源生产和低碳消费的匹配。

（三）加大储能发展科技创新力度

坚持储能技术多元化发展，面向新型电力系统调节需要，根据不同时间尺度需求，提供灵活多样的调节手段；推进大容量高水头抽水蓄能机组、中小型抽水蓄能技术研究，加强混合式抽水蓄能和海水抽水蓄能等技术的攻关和示范，推进高安全、低成本、高可靠、长寿命的新型储能本体技术研究和储能系统智能化运维技术研究，探索储能与新能源联合应用，实现储能系统高效运行，主动支撑高比例可再生能源并网。

（四）建立健全储能市场机制与商业模式

目前，电能量市场和辅助服务市场尚未成熟，暂不具备完全通过市场手段解决储能投资回收问题的条件。在电力市场建设过渡期，继续执行抽水蓄能电站的两部制电价，研究提出电网侧独立储能电站的容量电价机制、电网替代性储能设施成本纳入输配电价的具体方案，通过峰谷电价、尖峰电价等方式完善成本疏导机制，合理引导储能发展。同时，推动储能作为电力市场主体参与电能量市场和辅助服务市场，研究储能参与各类电力市场的准入条件、交易机制和技术标准，通过多元化辅助服务品种交易获利，促进储能更加充分参与电力市场竞争。研究储能共享模式，探索建立灵活性资源容量市场交易机制，分摊投资方建设成本，提高储能利用效率。

（五）以数字化技术推动储能与新能源协同运行

数字化技术是支撑构建新型电力系统的关键技术。依托云计算、移动互联网、人工智能以及先进传感测量、通信信息、控制技术等现代化技术，实现源网荷储之间的高效交互，提升新型电力系统灵活性。在此背景下，可利用物联网和区块链等数字化技术，实现"新能源＋储能"协调运行，促进新能源大规模并网和消纳。

（六）尽快开展新型储能安全标准编制

标准不健全是造成电化学储能电站安全事故频发的重要原因，"十四五"

期间储能发展提速，完善行业标准更加紧迫。建议对新型储能行业现有标准进行系统梳理，针对当前标准体系中储能设备及系统术语定义、储能电站控制保护、储能电站安全管理、储能电站验收、调试、运行、检修等存在标准不健全的方面，尽快开展相关标准编制工作。

参 考 文 献

[1] 中国能源研究会储能专委会、中关村储能产业技术联盟（CNESA），储能产业研究白皮书2022 [R]，2022.

[2] 丁玉龙，来小康，陈海生. 储能技术及应用 [M]. 北京：化学工业出版社，2018.

[3] 中国化学与物理电源行业协会储能应用分会，2022储能产业应用研究报告 [R]. 2022.

[4] 刘璐，牛萌，李建林，等. 电化学储能系统标准现状与体系架构研究 [J]. 电力建设，2020，41（4）：63-72.

[5] 中国氢能联盟，《中国氢能源及燃料电池产业白皮书2020》[R]，2021.

[6] 汪顺生. 抽水蓄能技术发展与应用研究 [M]. 北京：科学出版社，2016.

[7] 伊夫·布鲁内特. 储能技术及应用 [M]. 北京：机械工业出版社，2018.

[8] 华志刚. 储能关键技术及商业运营模式 [M]. 北京：中国电力出版社，2019.

[9] 余勇，年珩. 电池储能系统集成技术与应用 [M]. 北京：机械工业出版社，2021.

[10] 史莱姆·桑塔纳戈帕兰，等. 大规模锂电池储能系统设计分析 [M]. 北京：机械工业出版社，2021.

[11] 李建林，修晓青，惠东，等. 储能系统关键技术及其在微网中的应用 [M]. 北京：中国电力出版社，2016.

[12] 李建林，惠东，靳文涛，等. 大规模储能技术 [M]. 北京：机械工业出版社，2013.

[13] 中国化工学会. 储能学科技术路线图 [M]. 北京：中国科学技术出版社，2021.

[14] 王艳艳，徐丽，李星国. 氢气储能与发电开发 [M]. 北京：化学工业出版社，2017.

[15] 贝努瓦·雷恩. 电网储能技术 [M]. 北京：机械工业出版社，2017.

[16] 弗兰克S·巴恩斯. 大规模储能系统 [M]. 北京：机械工业出版社，2018.

[17] 李浩良，孙华平. 抽水蓄能电站运行与管理 [M]. 杭州：浙江大学出版社，2013.

[18] 郑源，吴峰，周大庆. 现代抽水蓄能电站 [M]. 北京：中国水利水电出版社，2020.